◆ 不思議な「心」のメカニズムが一目でわかる ◆

# 友だちをいじめる子どもの心がわかる本

監修 原田正文
大阪人間科学大学大学院教授



kokoro library
こころライブラリー イラスト版

講談社

# まえがき

いじめの問題が、また最近注目されています。二〇〇六年度にいじめ発生件数は、それまでにくらべ、爆発的に増えました（P7参照）。調査方法が変わったためと言われていますが、世間で騒がれると件数が多く申告されるのが、いじめの本質的な特徴なのです。その後じょじょに減ってきましたが、二〇一二年にはまた大きく増えると見込まれます。しかし、報告件数の大きな増減とは別に、いじめはずっと増え続けています。

私は精神科で「小児・思春期」専門外来を担当しています。そこでは、いじめにより、成人してもなおPTSD（心的外傷後ストレス障害）に悩む多くの若者を診《み》ています。「いじめられ体験」は心の深い傷となり、その人の人生を台無しにすることさえあるのです。

また、十数年来、子育て支援のボランティア活動にも参加しています。子育て支援にかかわっている大人たちが共通して不思議がるのが、今の母親どうしのつきあいが表面的なこと。楽しそうに話をしていても、日々悩んでいる子育ての心配事などは、話題になりません。心を割って話ができず人と距離を置くのは、母親たちがいじめのなかで育ってきた世代で、なんらかの心の傷をもつためではないか、と私は考えています。

いじめ対応策も少しずつ進んではいますが、解決にはまだほど遠いのが現状です。それほどいじめ問題にはむずかしいものがあるのです。しかし、多くの子どもたちが、そのために死に、また後遺症に一生苦しんでいる状態を放置するわけにはいきません。そこで私からのメッセージとして、まず三つのことをまとめました（P6～8）。

本書では、現実のいじめの実態にもとづき、なぜ友だちをいじめるのか、なぜクラス全員で特定のひとりをいじめるという「いじめの構図」ができあがるのか、いじめられている子がなぜ親にも言わないで耐えているのかなどの、いじめる子や加担する子の心理を明らかにします。

子どもたちが置かれている現状を多くの読者のみなさんに知っていただき、大人社会全体として、真剣にいじめに立ち向かい、ひとりでも多くの子どもたちが救われることを願ってやみません。

大阪人間科学大学大学院教授
原田正文

いつ
ごりんじゅう
死ぬの?

援助して

メッセージ1

# いじめてもいい理由など絶対に、ない

No!

**いじめられるほうにも問題がある**

## 理由はあとづけ、勝手な言いがかり

今のいじめは、加害者と被害者が入れ替わり、だれがいじめのターゲットになるかわかりません。まさに根拠のない言いがかりが、いじめの理由になっている証拠です。

No!

**あいつは弱いからしかたがない**

## 被害者は普通の子、弱い子ではない

いじめの被害者は特定のタイプの子ではありません。勉強もスポーツもできて人望もあるような子が、嫉妬からいじめられることもあります。

No!

**性格が悪くてムカつくから、いじめてもいい**

## 気が合わないだけ、勝手な言い分

そう感じるのは、あなただけかもしれません。性格は十人十色。だれにも欠点はあります。まずは自分自身をみつめ直してみては？

No!

**やっぱり私が悪いんだ……**

自分に価値が見いだせなくなっている

## あなたは悪くありません

周囲からの否定的なメッセージを受け取り続けて、被害者自身も周囲の発言を正しいと思いこむようになっているだけです。

メッセージ2

# 目にはみえにくいが、いじめはずっと続いている

## 象徴的な事件と発生件数の関係

### Sくんの事件

東京の中学生。生きジゴクになると遺書を残し、自殺。これ以降、いじめの調査がはじまった

### Oくんの事件

愛知県の中学生。恐喝といじめが続き、自殺。遺書が公開され、その悲惨さに世間は驚いた

### いじめ自殺の報道が増えた

学校がいじめ自殺を隠ぺいしたことがきっかけ。いじめ自殺防止キャンペーンなどが報道された

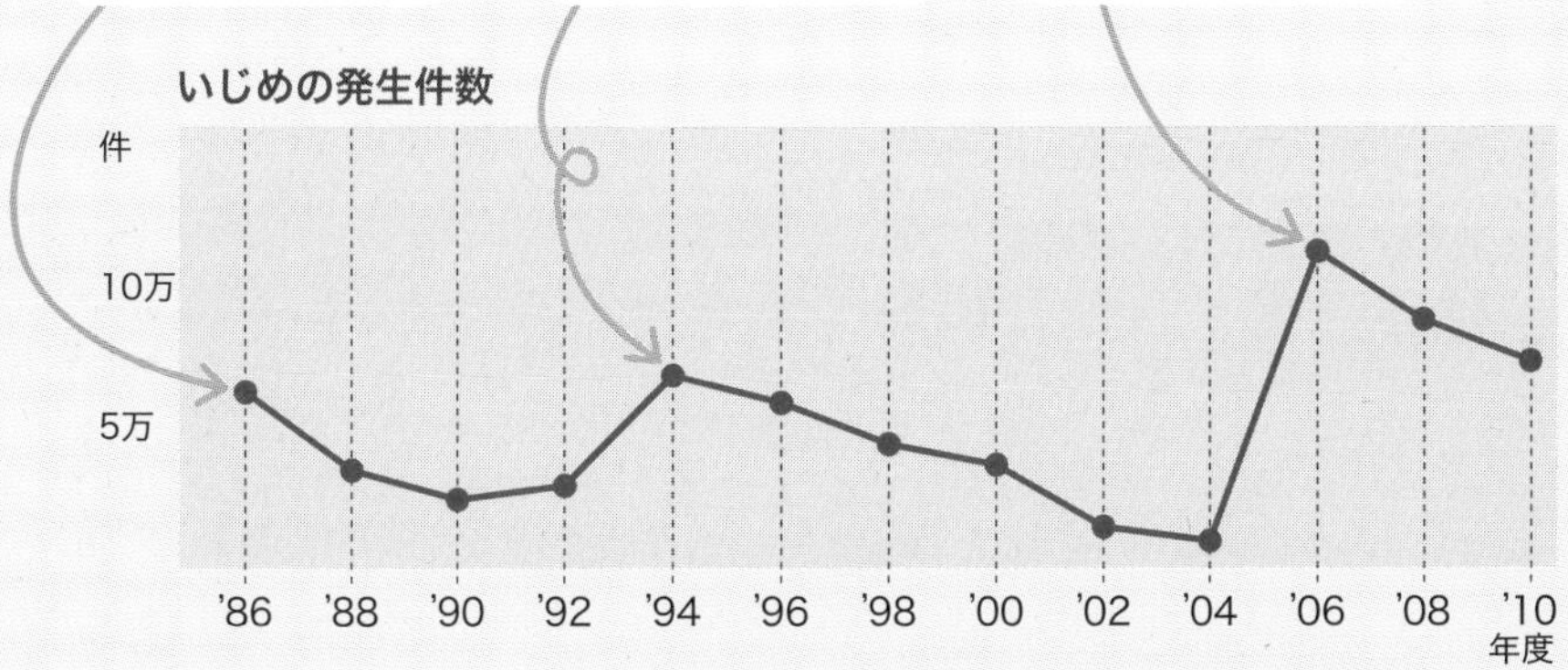

いじめの発生件数
件
10万
5万
'86
'88
'90
'92
'94
'96
'98
'00
'02
'04
'06
'08
'10
年度


小・中・高等学校および特殊教育諸学校 「学校基本調査」文部科学省

**いじめの定義が変わった**

いじめとは「弱いものを攻撃すること」から「本人が苦痛を感じているもの」に変わった

マスコミでとりあげられるような事件が起こったときだけ、注目される

↓

**世間からすぐに忘れられる特徴がある**

**大人は目をそらしたい**

**子どもは隠したい**

↓

報告される数が減っていても、いじめが減っているわけではない。より多く、より深刻になっている

メッセージ3

# いじめに対して、大人社会が真剣に向き合わないといけない

## まるで「人ごと」の大人たち

気のせい
じゃないの
学校が
なんとかすべき
それよりも
学力低下が問題
子どものけんか
に大人は口を
出さないもんだ

もっともらしい意見のようだが、
現状を正確にとらえていない

学校だけに
まかせておいても
解決しない

子どもだけに
まかせておいては
事態は改善しない

保護者　地域　子どもたち　学校　先生　有識者

すべての大人が本気になって
考えなくてはいけない
ところにきている

学力低下の
問題は、二の次

取り組みはじめた
ところもある
(P97参照)

教育改革や学力向上などが叫ばれていますが、いじめ問題の解決なしには、これらの成果はあがりません。解決は緊急を要しています。

1

# うざいヤツはいじめて当然。笑ってスッキリ

## ― いじめる子の心理

大人の想像を絶するようなひどいいじめをする子。
一人ひとりをみるとけっして悪い子だとは思えないのに
友だちをいじめているときは悪意のかたまり。
むしろ楽しそうにさえみえます。
本人は罪悪感をもっていないのでしょうか。

遊び感覚

# 目の前に笑えるネタが転がっているから

被害者の心の傷の大きさとは裏腹に、「いじめはおもしろい」と感じている加害者が少なくありません。被害者を笑うことで、つまらない日常を忘れられるような気になっているのです。

笑い

**じつは心の中はうつろ**

いつも心は満たされず、なにかが欠けている感じです。だれかを笑っているときは、自分の欠如感を忘れることができます。

**心からの笑い？**

心からの笑いとは、幸福感がベースにあるものです。だれかをいじめて笑うのはほんとうの笑いではありません。

後悔することもある

## 遊びとはいっても真剣にいじめている

いじめは、被害者のみならず加害者にも「いやな気持ち」をよび起こすものです。

しかし、いじめを「おもしろい」と感じている加害者も少なからずいます。その割合は学年が高くなるにつれて増えていき、中学三年生では、加害者の二割以上にのぼると報告されています。こうした快楽型の加害者にとって、いじめは遊びの一種です。

遊びとはいえ、彼らは真剣です。いじめることが、つまらない日常を笑いとばしてスカッとした気分を得るための唯一の手段になっているからです。

**従来のいじめは排他的だったが……**

昔から、特定の子を「バイキン」などといって仲間はずれにしたり、無視したりするようないじめはありました。

差別や偏見にもとづいて少数派の子どもを排除する傾向はいまでも見受けられます。

けれど近年のいじめは、理由もなく急に始まる傾向があります。インターネットや携帯電話を使うことで、加害者の姿がみえないまま一気にいじめが広がってしまうなど、手口も複雑化しています。

## “ノリ”が大切

**なによりも大切にされるのは、“ノリ”のよさ。
その場の雰囲気をぶち壊しにするような「正しい言動」は、白い目でみられます。**

### さしたる理由などない

だれがいじめのターゲットに選ばれるかは、その場のノリで決まっていきます。さしたる理由があるわけではありません。

### 盛り上がればそれでいい

加害者にとって、大事なのは集団のまとまりです。被害者の反応などをみて、いっしょに笑い、仲間内が盛り上がればいいと思っています。

### 笑いとばせばスカッとする

おもしろくない思いをかかえていても、みんなで被害者を笑いとばすことで、一瞬、楽しみのほうが勝るような気持ちになります。

被害者をいじめることで、その場の雰囲気が盛り上がり、みんなが楽しめると思う

根拠などなくていい
=
なければつくる

ゴミ扱いしておいて、「汚いから近づくな」など、いじめているうちに「いじめる理由」をつくっていく

なんの根拠もなく、ある日急にいじめが始まることもある。被害者は突然のことにとまどう

# ムカつく気持ちをどこかにぶつけたい

いじめという行動に出てしまう子どもたちは、思いどおりにならない現実を前にして、いつもいらだちでいっぱいです。被害者を攻撃することで、ムカつく気持ちを発散させています。

## ストレスにつぶされそう

**学校や家庭、習い事や塾など、あらゆる場面で子どもたちはストレスを感じています。いつもなにかに追い立てられ、いらだっています。**

### 仲間

自分と同じような思いをかかえ、自分に同調する仲間を巻きこむ

ストレス
期待
成績
圧迫
親子関係
甘やかし
友人関係

ストレスでいっぱいの子どもは、うっぷんを晴らしたいという思いが強くなる

### 無力感がある

ストレスの根本には、がんばってもうまくいかない、自分ではどうにもできないという無力感があります。

### 大人社会の被害者

競争原理が推し進められるなか、子どもは「勝たなければ」というプレッシャーを与え続けられています。加害者は、大人社会の被害者でもあります。

## ムカつくことがどれくらいあるか？

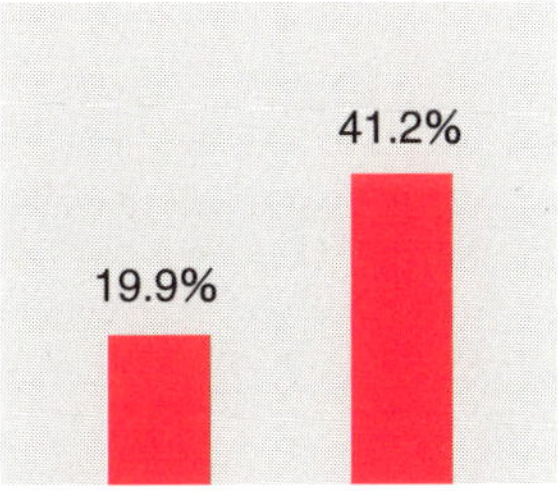


都内の中学生1235人の回答
（深谷ら1998年度『モノグラフ・中学生の世界Vol.61』ベネッセ教育研究所）

人は欲求不満の状態になると、それを解消するための行動にでます。欲求不満は人の行動のエネルギー源です。いじめは、ムカつくことばかりの日々を送る子どもたちがとる、誤った不満解消法です。

## 別の形でストレス発散も

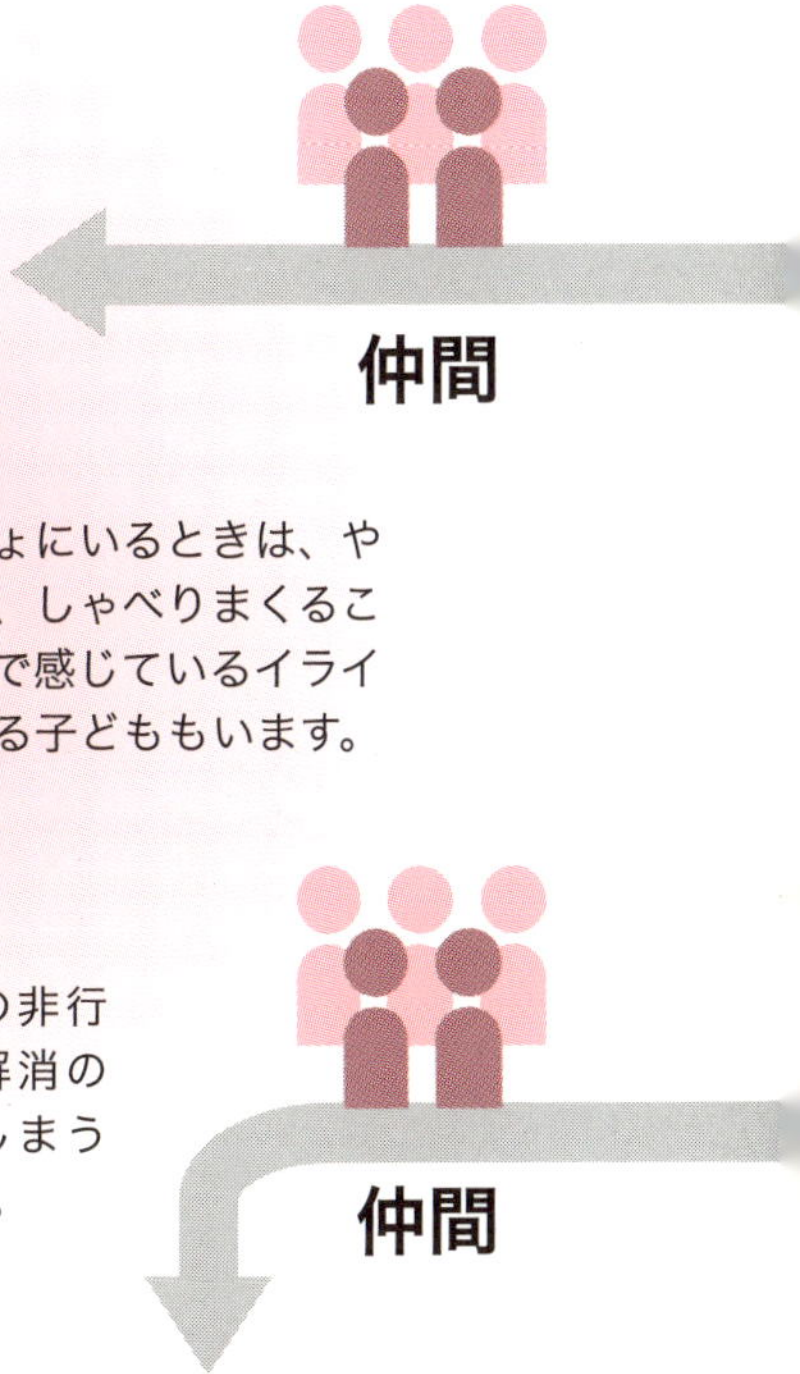


仲間といっしょにいるときは、やたらとはしゃぎ、しゃべりまくることで、家庭などで感じているイライラを解消している子どももいます。

万引きなどの非行が、ストレス解消の手段になってしまうこともあります。

## いじめ集団形成
## ＝
## 罪の意識が薄くなる

自分のストレスを解消するためにだれかに八つ当たりするのは、さすがに後ろめたいもの。しかし、集団をつくれば自分は大勢のなかのひとりにすぎず、「自分だけじゃない」と思えます。それだけ罪の意識も薄れていきます。

## だれかをいじめてストレス発散

今どきの子どもたちは、ストレスでいっぱいです。「自分はなんでもできるはず」という幼い万能感が満たされない現実に、いらだつ子どもが少なくありません。

そんな子どもたちにとって、いじめは、自分のイライラをだれかにぶつける格好の機会になってしまっているのです。

攻撃しやすそうな子をみつけて、スケープゴート（いけにえ）にまつりあげる

思春期

# 心のエネルギーをコントロールできない

深刻ないじめが増えはじめるのは小学校高学年頃から。ちょうど子どもから大人へと心身ともに変化していく思春期の入り口にあたる時期です。

## 不安定さと攻撃性がいじめに

**体の変化に直面する思春期には、心の状態も不安定になり、攻撃性が高まってしまいがちです。**

### 生きること自体への悩み

自分はいったい何者なのか、生きることにどんな意味があるのかなど、根源的な問いに対する答えを模索しはじめますが、そう簡単に答えがみつかるわけではありません。

### 体が変化するとまどい

初経、精通などを経験し、体はどんどん変化していきます。性的な関心も芽生えてきますが、自分自身の急激な変化にとまどいを覚えることもあります。

**もやもやした気分**

### 攻撃性

攻撃性は、自分にとって好ましくない状態から逃れるために本能として備わっているもの。心のもやもやが大きくなると、そこから逃れるために攻撃性も高まります。

↓

**いじめとして他者を攻撃**

生きる意味を追い求める時期だからこそ、「生きている意味はない」「死ね」などといった言葉を投げかけ、追い詰めていく

性への関心の高まりが、間違った発露のしかたとして、性的ないじめに結びつくこともある

## 加害者は攻撃的なタイプ

**いじめのリーダー格になる加害者は、とくに攻撃的な性格であることが多く、被害者にその攻撃性を向けていきます。**

なにかあると、すぐ暴力に訴える傾向が強い

### 感情のコントロールができない

感情を抑えてふるまうことができません。なんでも自分の思いどおりにしようとして、すぐに機嫌が悪くなります。

### 反応が攻撃的

あせりを感じたり、少しでも気に入らないことがあると過剰に反応し、攻撃的な言動で自分を守ろうとします。

### がまんする力がない

親がなんでも望みを叶《かな》えていたり、集団で遊ぶ機会が少なかったりすると、「自分の思いどおりにいかないこともある」という体験の積み重ねが不足します。がまんする力がつかないまま大きくなってしまいます。

### 暴力を肯定する環境

攻撃的な行動を「かっこいいもの」として描いたテレビやゲームに囲まれた生活を送っていたり、親から暴力を受けながら育ってきたりすると、暴力を肯定的なものとしてとらえるようになります。

### 小学校高学年から思春期が始まる

大人からみれば、小学生のうちはまだまだ子どもに思えるかもしれません。しかし、小学生でも高学年になれば、子どもたちの体は大人の体へと大きな変化をとげていきます。思春期の始まりです。

急激に増加する性ホルモンは、子どもたちの体だけでなく、心の状態にも大きな影響を与えます。なぜかイライラしたり不安になったり、心は不安定な状態になっていきます。小学校から中学校にかけての年代でいじめが問題化しやすいのは、こうした思春期特有の心の状態も影響しています。

意識

# ふざけてるだけ。いじめなんかではない

いじめは、「遊び」「ふざけ」などとごまかされてしまいがち。いじめに加わる子どもたちは、本気で「いじめではない」と思っていることもあります。

**自己中心的**

スカッとする、おもしろい、強くなった気分がするといったように、自分の気持ちがよくなるのがいちばん。それ以外は目に入りません。

**暴力を肯定する**

親が暴力を多用したり暴力的な表現にあふれたゲームやテレビを目にする機会が多いと、暴力がよくないものとは思えなくなります。

**想像力不足**

本を読んだり、じっくり考えたりすることが少ないため、人の気持ちを想像する力がついていません。

## 人の痛みを想像できない

**深刻ないじめを「遊び」と言ってしまう鈍感さは、いくつかの要因から生じています。**

**コミュニケーション力がない**

友だちとのふれあいが不足していて、他人とのかかわり方、つきあい方がわからずにいます。

**攻撃性をコントロールできない**

集団でもまれた経験が少なく、心理的に未熟な状態のままでいるため、攻撃性を抑えることができません。

### 仲が良いはずの友だちをいじめる

いつもいっしょにいるグループ内で、特定のひとりが攻撃対象になるのは、よくあるパターンです。

加害者たちは「ふざけているだけ」などと言い、「遊び」という名目で、いじめを偽装します。実際に、いじめている意識が薄いこともあります。被害者に「からかわれる役割」を期待し、被害者がそれをいやがるそぶりをみせると、攻撃がエスカレートしていきます。

そうした集団のなかでは、だれかをいじめることでグループ内の序列がつくられ、まとまりが強くなります。そこにはいたわりあう心はみられません。

## 支配関係ができてしまう

**一見、仲が良さそうなグループ内でのいじめは、
はたからは友だちどうしがふざけあっているようにもみえます。
しかし、よくみれば対等な関係でないことは明らかです。**

**大人は「仲良しグループ」という印象しかもたないため、集団内でおこなわれているいじめを見逃してしまいがちです。**

プロレスごっこなど、体を痛めつけるようなことを「遊び」と言ってくり返す

だれかひとりを無視。相手の反応をみて楽しんでいる

「あれやれ」「これやれ」と命令して、使い走りさせたり、芸を強要したりする

優越感

# 自分が強くなったような気がする

いじめの加害者たちは、いじめを通して優越感を満たしているところがあります。被害者の弱さをさらすことで、「自分は違う」と思いたいのです。

## 裏を返せば弱い自分がいる

いじめのリーダー格になるような子どもは自己愛が強く、「自分はすごい」などという思いを強くもっています。たいへんな自信家にみえますが、たんに自己イメージがふくらみすぎているだけ。

ほんとうに自信をもっている子どもは、だれかを踏みつけるようなまねをしなくても、自分で自分の価値を認めることができます。

一方、自己イメージがふくらみすぎている場合、現実の自分はつねに弱く、無価値な存在に思えてしまいます。だれかをいじめて「強い自分」を実感し、理想と現実との差を埋めようとするのです。

## 賞賛がほしい

**今どきの子どもたちは、だれかに自分のことを認めてほしい、注目されたい、賞賛されたいという思いが、ことのほか強くみられます。**

### 他者の評価で自己を確認する

じつは自信がなく、自己の価値に不安を感じています。他者からの賞賛を得なければ、自分を肯定的にとらえることができないのです。

自分はほかの子よりすぐれていると思いたいだけ

### 優劣を気にする親

親もまた、周囲から賞賛される子どもであってほしいと願い続けます。子どもに注ぐのは、「優秀だから、良い子だから愛している」というような、条件付きの愛情です。

## 自分がいちばん！

自分より上と思われる人をひきずりおろし、
下と思う人をふみつけます。

ほんとうは弱い自分がいるが、
意識していないか、わかって
いても認めたくない

### 自分より上が許せない

自分が思うように成績がふるわない、容姿にも満足できないなどといった現実に直面すると、自分よりすぐれていると思う相手が許せなくなります。

↕

### 自分が上であることを感じたい

「この子には勝っている！」と思う相手をふみつけ、徹底的におとしめることで、自分が優位な立場にあり、なんでもできるのだという万能感を満たそうとします。

### 弱い自分を認めたくない

万能感を否定され、自分の弱さをさらされることに耐えがたい苦痛を感じます。他人を攻撃することで、自分は弱くない人間だと思いたいのです。

**攻撃こそ最大の防御**

### 意のままになる相手が必要

加害者は、自分がいだいている「なんでもできる自分」のイメージを映しだす鏡として、自分の意のままになる被害者を必要としています。相手はだれでもよく、対象がいなくなると、すぐに代わりをみつけます。

正当化

# あいつにはいじめられて当然の理由がある

いじめの加害者の多くは、「相手にも悪いところがある」と、自分たちの行為を正当化します。そして、平然といじめを実行していきます。

## 理由はあとづけ

**なにか理由があっていじめが始まるわけではありません。いじめながら、「いじめられる理由」を加害者がつくりあげていきます。**

### 根拠のない理由

ある加害者が、被害者の行動や性格、ささいな失敗などに言いがかりをつけたり、被害者についてまったく事実とは異なることを言ったりします。

### うわさとして広まる

被害者の知らないところでコソコソとうわさしたり、メールなどの手段を使ったりすることで、うわさはあっという間に広まります。

### 言った本人に戻る

うわさを流した張本人は、自分がでっちあげた根拠のないうわさであるにもかかわらず、みんなの口から語られるうちに事実のように思えてきます。

### 正当化される

被害者には悪いところがあるから、いじめられてもしかたがないという認識が、集団のなかで共有されます。

### いじめる理由が確立

被害者自身、自分に非があるように感じてしまうようになることもあり、いじめる理由・いじめられる理由が確立してしまいます。

加害者たちは、いじめとは思わず、むしろ「被害者の悪いところをただす」という誤った正義感をもっていじめていることさえあります。

### 理由づけは後ろめたさの裏返し

加害者があれこれ理由をつくりだすのは、いじめに後ろめたさを感じているからです。「悪いのはいじめられる子」となれば、罪悪感は軽くなります。

また、周囲の批判をかわし、「いじめられるほうにも問題がある」と思わせようという心理も働いています。

## いじめる理由はつくられたもの

いじめの加害者の多くは、「被害者にはいじめられて当然の理由がある」と思っています。

その理由とは、被害者の行動や性格であったり、身体的な特徴や家庭の事情であったりします。ときには、事実無根のウソを根拠にいじめが進んでいくこともあります。いじめる理由は、加害者がでっちあげたものです。しかし、どんな理由であれ、いじめてもいい理由などありません。

そうであるにもかかわらず、加害者はでっちあげの理由を、自分たちの行動を正当化するためにふりかざします。

つくられた理由を根拠に執拗《しつよう》にいじめを受けるうちに、被害者までもがその理由を信じてしまうこともあります。そして、いっそう追い詰められてしまうのです。

## ランクづけが始まる

**小学校高学年頃になると、成績や体格、容姿などによる集団内のランクづけが始まります。低ランクであることは、それだけでいじめる理由になるという意識もでてきます。**

成績の良し悪しがはっきりしてくる。成績がよければ大きな顔をしていられる

体格の違いが大きい時期。腕力の差も大きい。力にものを言わせる子も

容姿へのこだわりが強まり、かわいくなければ、かっこよくなければと思う

ストレス

# いつも大人には「良い子」の自分をみせていたい

この子がいじめなんてするはずない——大人にそう思わせるような「良い子」であっても、いいえ、むしろ「良い子」だからこそ、むきだしの悪意を被害者にぶつけてしまうことがあります。

### 賞賛されていたい

勉強もスポーツもできて、友だちがたくさんいる自分、いつもほめられて、人気者でいる自分でありたいという気持ちを強くもっています。

### 表し方を知らない

幼い頃から集団のなかでもまれてきた経験が少なく、自分のなかのネガティブな面の表し方、出し方がわかりません。

## ネガティブな心を表したらいけない！

**大人からみればなんの問題もない「良い子」が、かげでひどいいじめをしている例はまれではありません。**

### 大人を信用していない

親や教師などの大人に対して、自分のすべてを受け入れてくれるという信頼感がありません。期待に応えないと見捨てられると感じています。

### 自分を保てない

親や周囲の反応ばかりを気にしていて、期待はずれになると自分の存在が保てません。期待はずれになりそうなことは隠してしまいます。

### 悪い自分を抑えつけている

だれでも悪意や敵意をもつことはあります。それは、心のどこかに人より優位に立ちたいと思う気持ちがあるからで、そのこと自体は別に悪いことではありません。

しかし、悪意や敵意は悪いものとしか教えられてこなかった子どもは、大人の前では「良い子」を演じるようになります。思春期前の子どもなら、自分が「良い子」を演じているという意識すらないまま、「悪い自分」を抑えつけていることもあります。こうした状態は、いつか無理がきます。やがてためこんだ悪意をいじめる相手にぶつけてしまうのです。

## アンビバレンスな心

思春期には、従順でありたいと思う一方で逸脱したいと願う気持ちもあるといったように、
表に出る心とは正反対の心をもっているものです。
心のネガティブな面を、大人はコントロールできても、
子どもはどこかで出さずにはいられません。

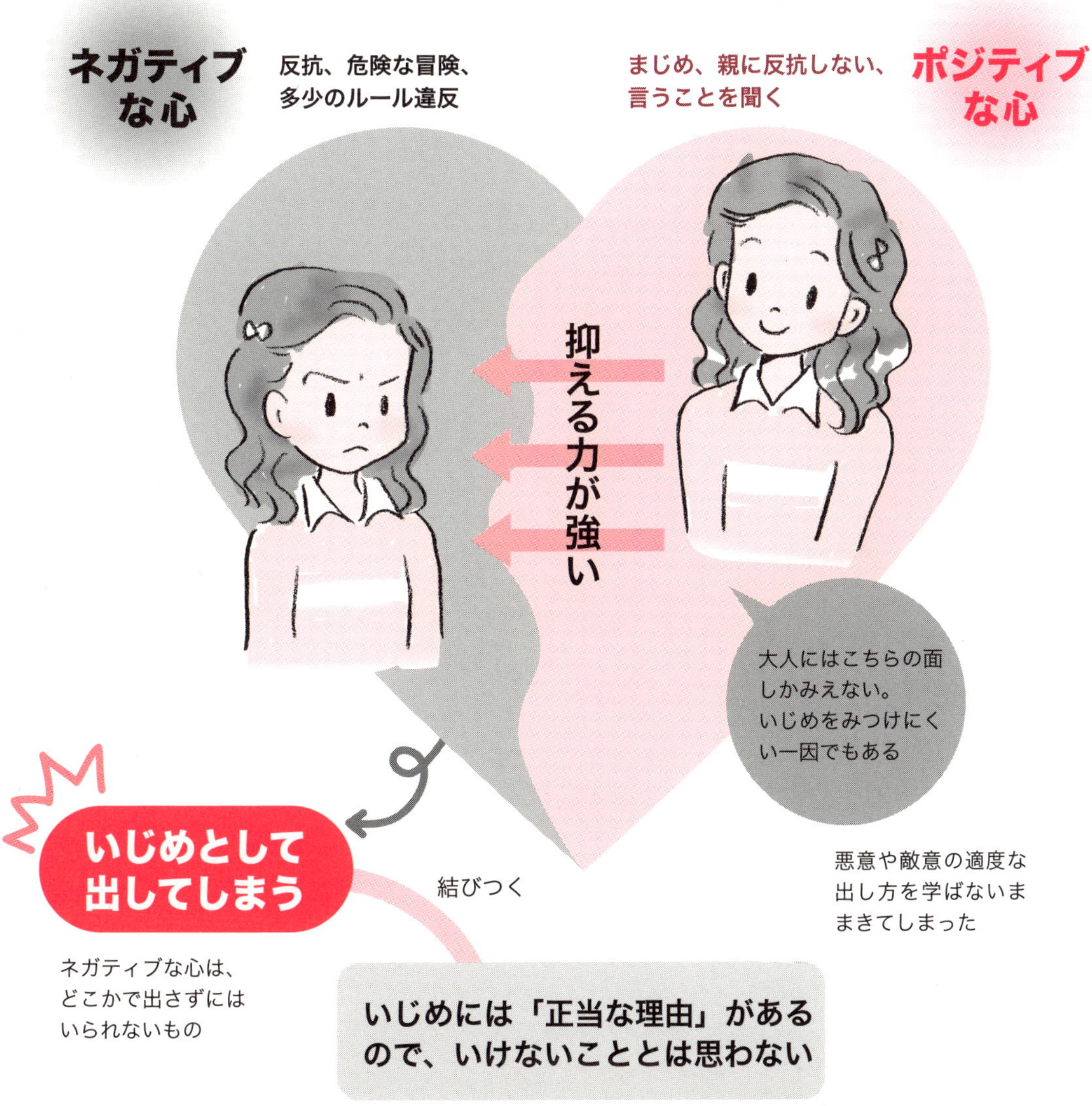
ネガティブな心
反抗、危険な冒険、
多少のルール違反
まじめ、親に反抗しない、
言うことを聞く
ポジティブな心
抑える力が強い
大人にはこちらの面
しかみえない。
いじめをみつけにく
い一因でもある
いじめとして出してしまう
結びつく
悪意や敵意の適度な
出し方を学ばないま
まきてしまった
ネガティブな心は、
どこかで出さずには
いられないもの
いじめには「正当な理由」がある
ので、いけないこととは思わない

防衛

# 露見しないよう、予防線をはっておく

いじめの加害者は集団をつくり、ひとりの被害者を追いつめていきます。リーダー格の加害者が、巧みに集団をコントロールしていくのです。

## 無言の圧力

**いじめ集団のメンバーには、「密告したりかばうようなまねをしたりすれば、次のターゲットは自分かもしれない」という恐怖心があります。**

リーダー格の加害者がチラッとみるだけでも、ほかのメンバーへのおどしになる
死ね
リーダー格の加害者は、自分では手を下さず、実際のいじめは「手下」にやらせていることもあります。

### いじめに協力する集団をつくっておく

加害者集団には、中心となるリーダー格の加害者と、いっしょにいじめをする子ども、いじめをみておもしろがる子どもがいます。「なんとかしたい」と思いながら傍観している子どももいますが、結局、なにもできません。大人に相談すれば「密告者」として、被害者をかばえば集団のノリを無視したとして、次のターゲットになるのは明らかです。傍観者であることすら許されない、「次はおまえ」という強迫めいた雰囲気がつくられていくこともあります。

こうして集団全体がいじめに加担していくことになるのです。

# いじめ集団が形成

**いじめはひとりのリーダーから始まります。
周囲に２～３人のとりまきをひきつれ、徐々に人数を増やし、集団を形成します。**

### 集団をコントロールする力がある

リーダー格の加害者の多くは、それなりに人気があり、手下となる子を２～３人したがえています。子ども集団での強者で、集団をまとめてコントロールする力をもっています。

**いじめがみえにくい一因となっている**

## 加害者像

- 非常に攻撃的
- 男子にも女子にも人気がある
- 暴力を肯定的にとらえている
- 感情をコントロールしにくく、すぐカッとなる
- ものごとを恐れず、自分や自分の立場が優位にあると思っている
- 親との関係はよくない

ノルウェーの心理学者ダン・オルウェーズ教授による分析

### 潜在的には判断力がある

他人の感情や態度を読み、どうすれば集団をコントロールできるか、いじめる相手を痛めつけられるか、判断しながら行動しています。

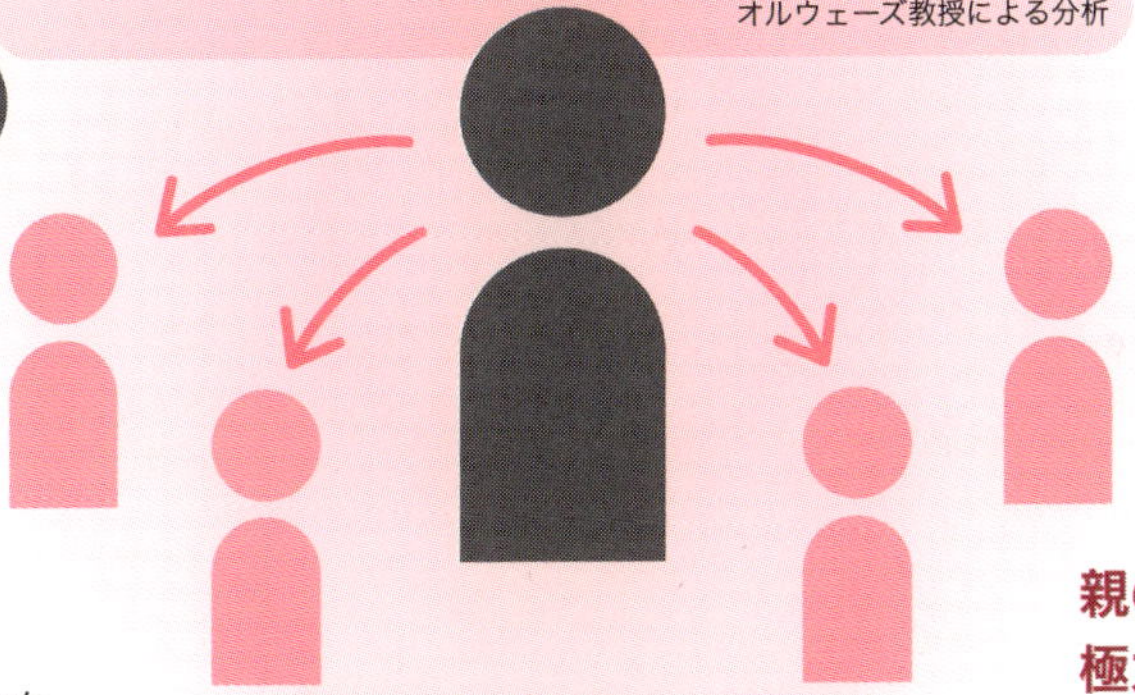

### ミニグループ化

似たような考えや行動を示す子どもたちだけでまとまり、多くの人とつきあいません。グループ内でもめごとがあったからといって、ほかのグループには行きにくい、ほかのグループの子も受け入れにくい雰囲気があります。

**いじめ集団**

### 親の口出しを極力嫌う

思春期の子どもは、自分たちのことに親が口を出すことを徹底して嫌います。親にはほんとうのことを言わなくなることもあります。

### ターゲットを共有している

いじめるべき相手をいじめるという同じ目的をもつことで、仲間としての結束が強まっていきます。

仲間でひとつの作業をすることは、本来楽しいこと。高揚感が得られる

モラル

# 自分だけ怒られるなんて、損だ

いじめの加害者たちには、「いじめは悪いこと」という最低限のモラルすらありません。とがめられても、「なんで自分だけ？」と、かえって反発することも多いのです。

## 「自分ひとりが悪いわけじゃない」

加害者は、いじめの発覚をさほど恐れていません。いざとなったら、「自分ひとりが悪いわけではない」と開き直ればいいと、心のどこかで思っているからです。

社会全体が発し続けている「自分さえよければいい」というメッセージを、子どもたちは敏感に感じとっています。だからこそ、加害者は、被害者に与えた心の痛みを思いやろうとしないのです。

善悪を教えてこなかったのは大人たちです。今、「子どもたちが昔と変わった」などと言いますが、じつは大人たちこそ、昔と変わったのではないでしょうか。

### 社会全体のモラル低下

**社会全体の風潮として、人として守るべき規範意識が薄らいでいます。モラルより損得勘定で、行動する人が増えています。**

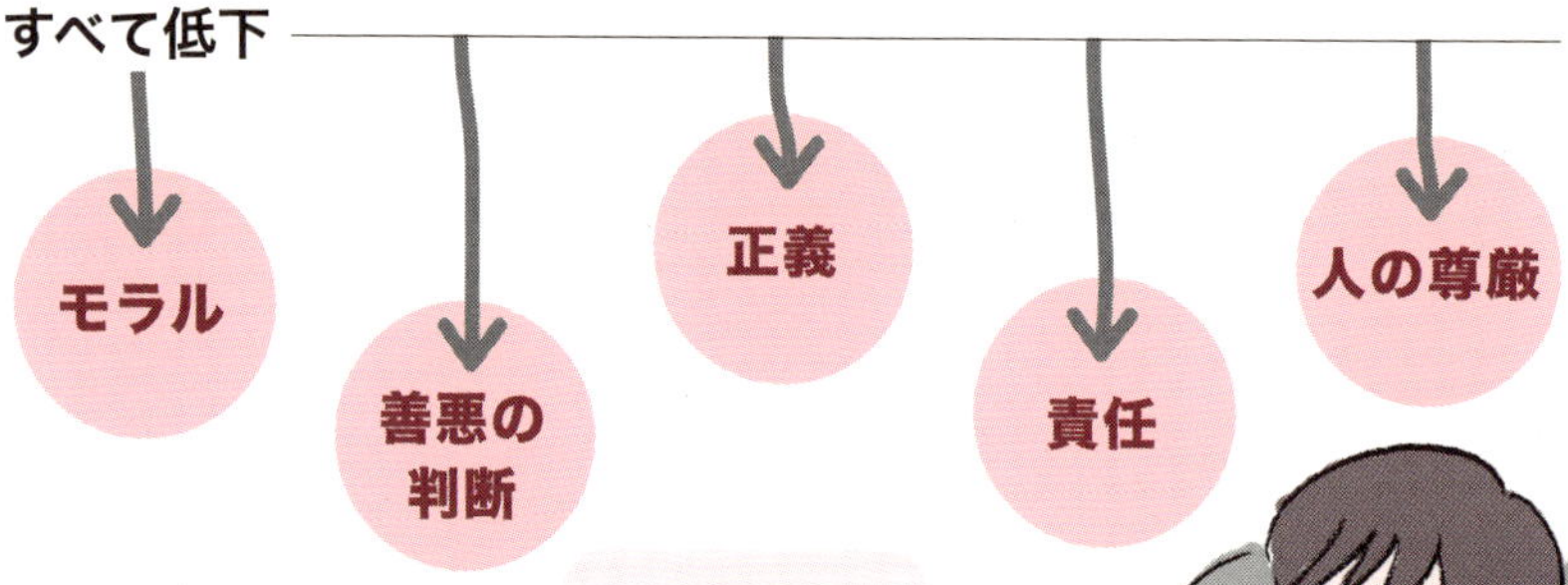
すべて低下
モラル
善悪の判断
正義
責任
人の尊厳

なんで僕だけ怒られるのォ
みんな、やってるよー
いやだって言わないから、いいのかと思ってた

**大人が教えてこなかった**

「悪いことは悪い」と教えられてこなかった子どもたちは、平気で「なにが悪いの？」とうそぶく

## 疑われても……

**いじめの存在を疑われ、教師などの大人から追及されても、
子どもたちが素直に認めることはありません。
多くの場合、加害者だけでなく被害者も、いじめの存在を否定します。**

いじめを受けている本人がいじめを隠そうとする心理については第4章へ

言わないだろうと確信している

加害者は、いじめに対する罪の意識はなく、平気でしらばっくれる

### ようすをみながらいじめを再開

注意され、自分に不利益が生じるかもしれないと思う間はおとなしくしていても、大人が安心して目をそらしたと感じるやいなや、いじめを再開します。

### エスカレートしていく

「これぐらいでは問題にならない」という安心感、「いじめが疑われるような事態をまねいたのはあいつのせいだ」などという怒りから、いじめはますます激化していきます。

教師が確認するものの……

### トラブルを回避したい

自らの管理能力を問われる問題でもあるため、教師には「いじめはあってほしくない」という気持ちがあります。

「いじめは昔からある。現代っ子はひ弱だ」「いじめられるほうも悪い」などといった誤解もあり、子どもの表面的な言い分をうのみにしがちです。

恐喝

# 命令すれば金が出てくるという遊び

いじめには、「いっしょに遊ぶ金なんだから」と金銭を要求し、ひきまわすパターンもあります。犯罪と言えるほどの行為ながら、周囲からは仲間内での遊びとみられがちです。

## 外からは"仲良く"みえる

**被害者と加害者は、学校にいるときだけでなく遊びに出かけるのもいっしょ。行動をともにしているので、大人からは遊び仲間と思われています。**

いっしょに行動していることを周囲にみせつけ、仲の良い仲間と思わせる

実際には、おどしながら無理にひっぱりまわしているだけで、対等の立場ではない

### いじめの快感に金銭がプラス

グループのなかで、特定の子に「あれやれ、こうしろ」などと使い走りをさせたり、金銭を要求するようになることがあります。

実際、いっしょに行動しているので、まわりには「遊び仲間」にみえます。けれど、加害者にとって被害者は、いじめる快感を得られるうえに金銭まで運んでくれる金づるにすぎません。

被害者の親は「なにか変だ」と感じるものの、子どもが「脅されている」ことを隠すため、金銭をくすねるわが子を信じられなくなります。被害者は親にも疑われ、逃げ場を失っていくのです。

## 犯罪の意識はない

**金銭を出させるのも、無理にひきまわして「使いっぱしり」をさせるのも、加害者にとっては遊びです。**

### 成功体験は病みつきになる

ちょっと脅したら要求どおり金銭をもってきた、いじめを主導したことで仲間のなかで優位な立場に立てるようになったなどという成功体験を得てしまうと、病みつきになってしまい、どんどんエスカレートしていきます。

### 目的は金と快感

加害者は被害者をいたぶることで、労せずして金銭を得ることができ、意のままに操る快感を味わうこともできます。いかに、金銭をしぼりとるか、ゲーム感覚で要求を続けます。

### 警察に捕まりたくない

警察沙汰にはなりたくないという思いがあるため、被害者への暴力は、手加減しています。まわりの大人が気づくほどの怪我はさせません。

お金を出さないと、もっとひどい制裁を受けるのではないかという恐怖心で、被害者は言いなりになってしまう

大金など持っているはずがない。親の財布から金銭をくすねることに……

### いじめと犯罪の境界はあいまいになっている

周囲から「遊び仲間」と思われていたグループ内でのトラブルが殺人にまで発展することもあります。いじめと犯罪の境界があいまいになり、いじめとよぶにはあまりに凄惨《せいさん》な事件も散見《さんけん》されます。

仲間内のことであっても、社会の枠組みとして定められた法をおかすような行為は、犯罪です。加害者は、犯罪者として罪をつぐなわなければなりません。

### 暴力への抵抗感がなくなる

「被害者は金銭をもってくる役割」などという認識がグループ内で共有されてしまうと、それが果たされなかったときには、「被害者が悪い」ことになってしまいます。役割を果たさなかった罰として、暴力をふるうことに抵抗感がなくなっていきます。

復讐

# 他者から受けた暴力を弱い者にし返す

いじめの加害者、とりわけリーダー格としていじめ集団をつくりあげていくような子どもたちは、彼ら自身、心に大きな傷を負っていることが少なくありません。

## 親から暴力を受けていた場合

**虐待は、子どもの心に大きな傷を負わせます。傷は容易には癒《い》えず、子どもが生きていくうえでさまざまな影響を及ぼします。**

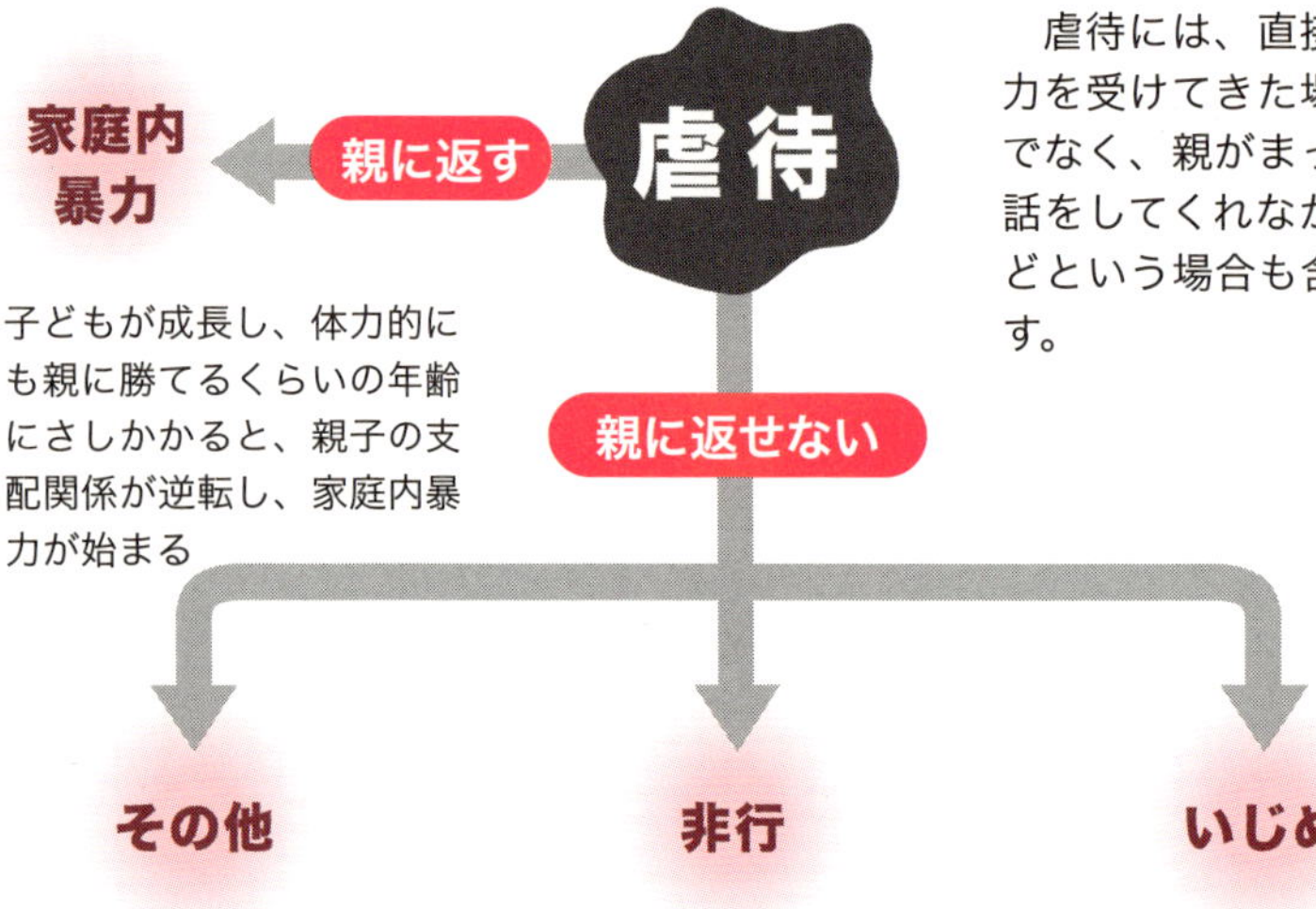


虐待には、直接的な暴力を受けてきた場合だけでなく、親がまったく世話をしてくれなかったなどという場合も含まれます。

家庭内暴力：子どもが成長し、体力的にも親に勝てるくらいの年齢にさしかかると、親子の支配関係が逆転し、家庭内暴力が始まる

その他：攻撃性が自分に向けられると、自傷行為や、摂食障害などの心の病に結びつくことも

非行：攻撃性の高まりを抑えることができず、反社会的な行動をくり返してしまう

いじめ：自分がされてきた仕打ちを自分より弱いだれかに向け、その子を支配しようとする

### かつての被害者が新たな加害者になることも

親から虐待されていた、あるいは以前ひどいいじめにあったなど、暴力を受けてきた経験は、心に大きな傷を残します。

自分がつらい思いをしてきたから、他人のつらさを思いやれる人もいますが、かつて自分をいたぶった強者への復讐を、別のだれかへ返そうとする人もいます。

被害者の弱さをいたぶり、完全に支配することで、自分自身の弱さを否定し、「自分はもう弱い人間ではない」と、確認したい気持ちもあります。

こうして、いじめの連鎖が始まってしまうのです。



*家庭内暴力についてくわしく知りたい方は、こころライブラリーイラスト版『親に暴力をふるう子どもの心がわかる本』（山中康裕監修）をごらんください。

# 2

# 善悪よりも自分の安全が最優先

## —いじめに加わる子の心理

いじめはいけないこととわかっているのに、
どうして、みんなといっしょになって
友だちを痛めつけてしまうのでしょう。
場の「ノリ」のほうが大切だから？
さほど悪いことと思っていないから？
なかには、自分のしていることに
苦しんでいる子もいるはずです。

# 傍観者になることは許されない

ターゲットが定まると、被害者以外の全員があっという間に加害者側にまわるのが現代のいじめの特徴です。傍観者であることすら許されない雰囲気に、みんながのまれていくのです。

## いじめ構造の変化

**近年、いじめの被害者を取り巻く構造が変化してきています。**

### かつては4層構造

　教育社会学者の森田洋司によると、いじめは加害者と被害者、その周囲にいる観衆と傍観者の4層構造のなかで生じるとされていました。

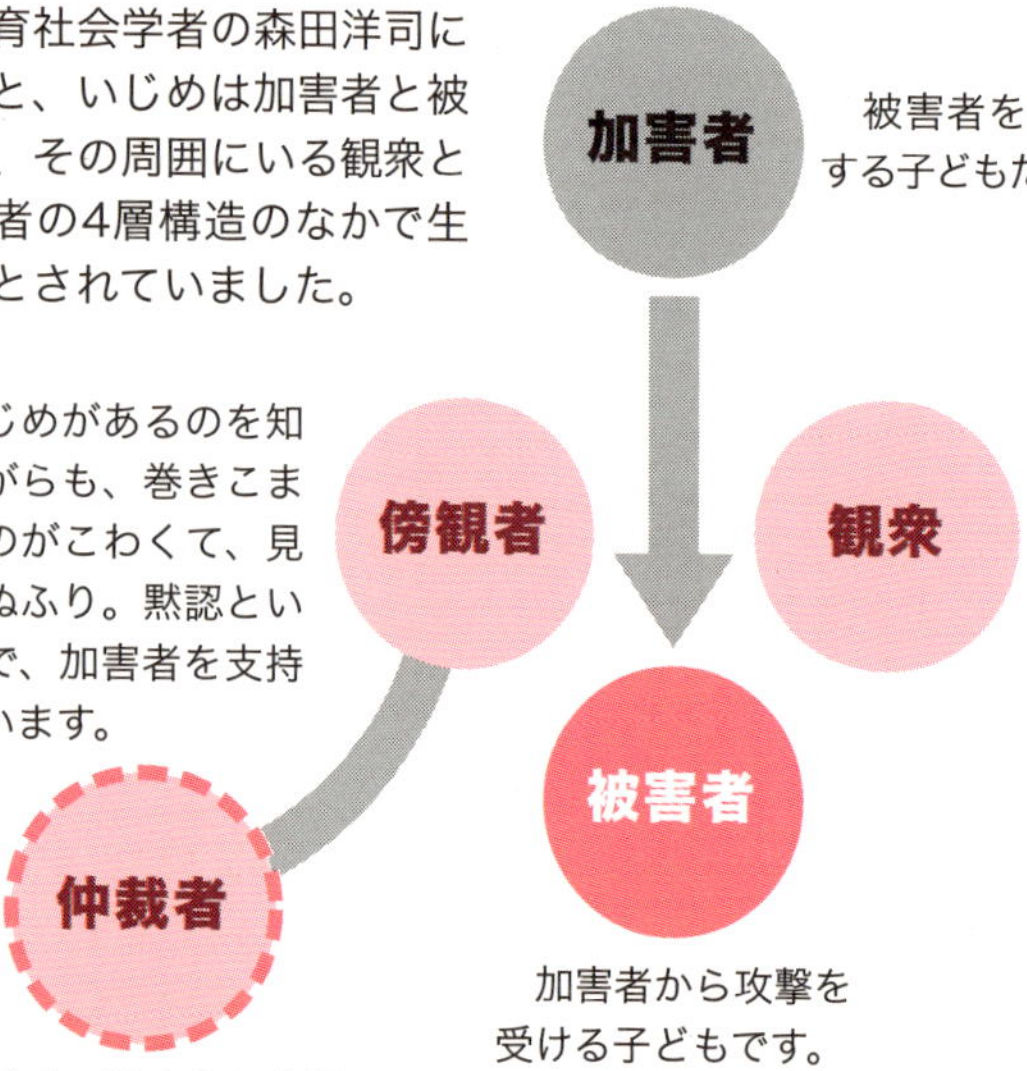


　被害者を直接攻撃する子どもたちです。

　いじめがあるのを知りながらも、巻きこまれるのがこわくて、見て見ぬふり。黙認という形で、加害者を支持しています。

　直接手は出さないが、いじめをおもしろがり、はやしたてることで、加害者の攻撃をさらに強める役割があります。

　加害者から攻撃を受ける子どもです。

　正義感の強さから傍観していることに耐えられず、いじめをとめようとする子もいます。新たな標的になってしまうこともあります。

　加害者どうしがネットワークをつくり、ターゲットの情報を共有しています。だから、クラスが変わってもいじめから抜けられません。

### 今は1対全員

　最近のいじめの特徴は、傍観者や観衆の層が加害者層に取りこまれてしまうということ。明確な4層構造はくずれ、ひとりの被害者を全員で攻撃していくパターンが増えています。

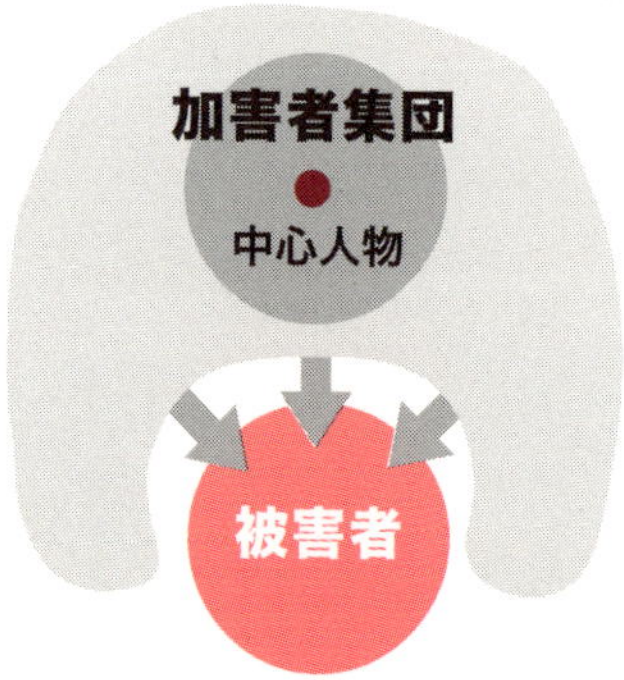


　リーダー格の加害者を中心に、核となる加害者集団が形成され、傍観者や観衆も加害者集団と不可分の存在になっています。

## いじめを強要される

**リーダー格の加害者に強要され、
被害者以外の全員がいじめに加わっていきます。**

ターゲットを定めて攻撃しはじめるのは加害者集団のリーダー格

### 無力感と恐怖

被害者の痛みを思い、「いじめなんてよくない」と感じている子どもは、いじめを制止しようとするかもしれません。しかし、ひとりではどうしようもないのが現実です。

黙ってみている子にもプレッシャーをかけて、被害者を攻撃させる

### クラス全体を巻きこんでいく

リーダー格となる加害者は、昔のガキ大将型のいじめっ子のイメージとはかけ離れていることがあります。力にものを言わせるというより、情報を巧みに操作しながら、クラス全体がいじめに加担しなければならない雰囲気をつくりあげていきます。

被害者をかばえば、今度は自分が標的にされるという恐怖心から、いじめに加担するようになる

## 傍観者がいなくなった

今、いじめの被害にあっている子どもは、自分以外の全員が加害者という状況に追いこまれ、真の孤立に苦しんでいます。

いじめが始まった集団内には、「参加しない子は裏切り者」という雰囲気が立ちこめています。被害者に同情心をもち、いじめる側につかないでいようとする傍観者でも、「裏切り者」の烙印《らくいん》を押されそうになれば、加害者集団に加わらざるをえないのです。

選択

# 被害者にならないために加害者になる

被害者以外の全員が加害者集団に加わるのは、新たな標的にされることをなんとしてもさけたいという思いがあるから。みんな、おびえているのです。

## いつどの立場になるかわからない

**最近のいじめは、加害者だった子どもが、今度は被害者になるといったように、だれがいつ被害者の立場に追いやられても不思議ではありません。**

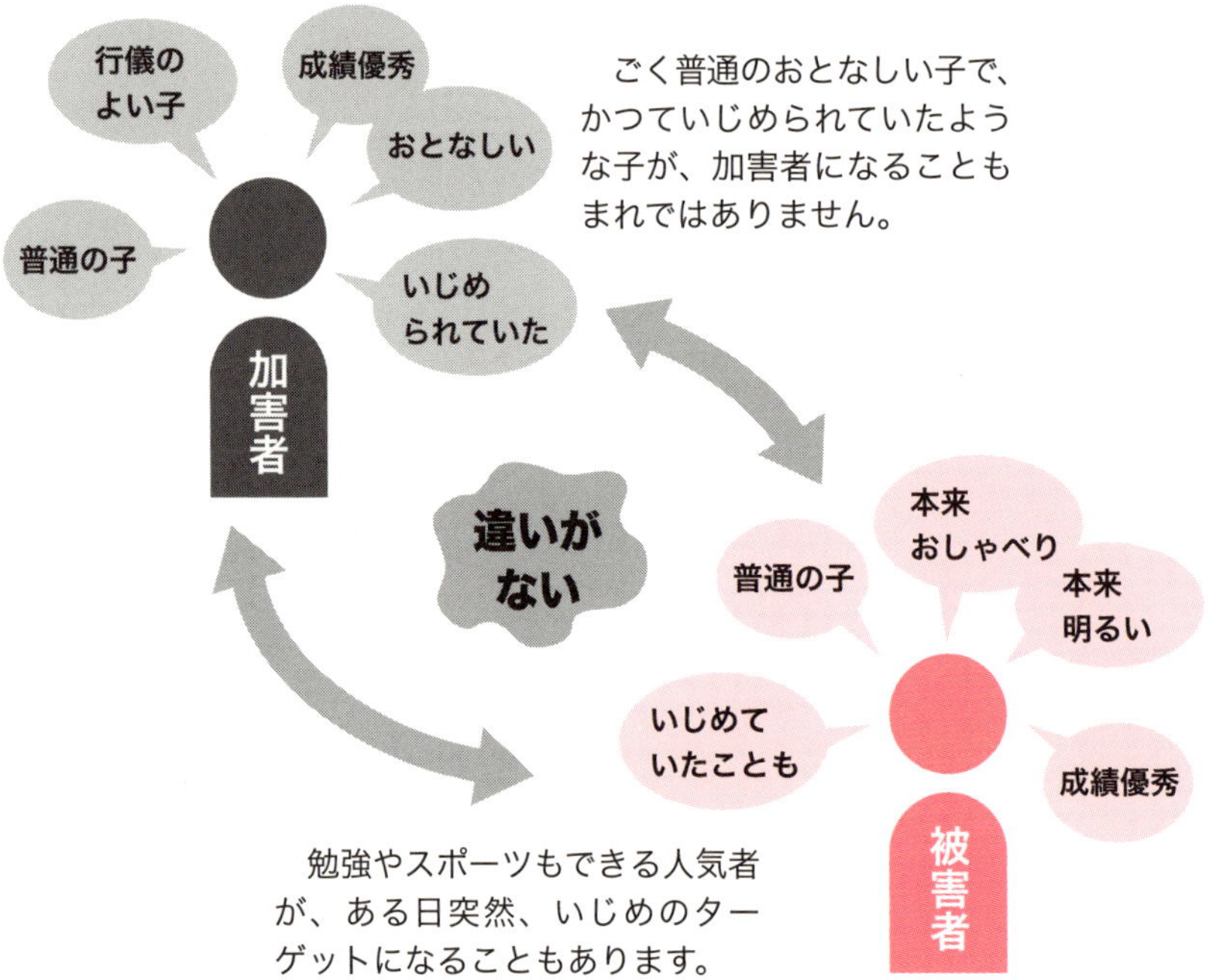

行儀のよい子
成績優秀
おとなしい
普通の子
いじめられていた
加害者
違いがない
本来おしゃべり
普通の子
本来明るい
いじめていたことも
成績優秀
被害者


ごく普通のおとなしい子で、かつていじめられていたような子が、加害者になることもまれではありません。

勉強やスポーツもできる人気者が、ある日突然、いじめのターゲットになることもあります。

### かばってくれた相手でも関係ない

いじめの被害者をただひとりかばっていた子が、「生意気だ」「ちくった」などという理由で、新たなターゲットになってしまったとき、かばわれていた元被害者はどうすると思いますか?

ほとんどは加害者側につき、攻撃を始めます。やっと被害者という立場から解放されたのです。それをみすみす手放すようなまねはできません。

こうした行動を非難するのは簡単です。しかし、「かばってもらった恩義などどうということはない」と思ってしまうほど、今どきのいじめ被害者は、絶望的な立場に立たされているのです。

## 道は2つにひとつ

**いじめに加わらずに自分が被害者になるか、それとも加害者になるか。
どちらかを選ぶしかありません。**

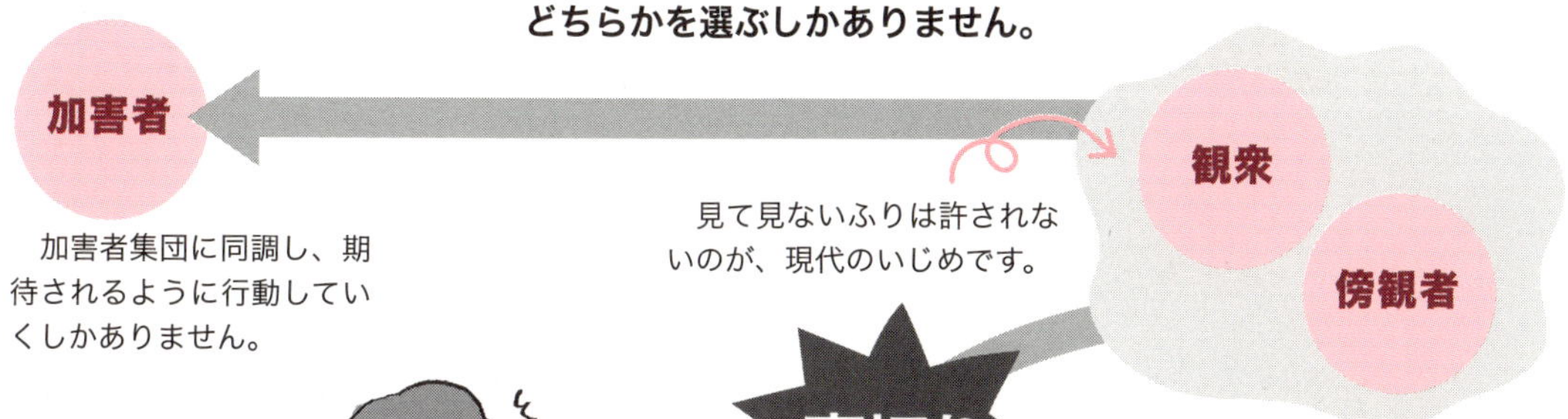
加害者
観衆
傍観者
加害者集団に同調し、期待されるように行動していくしかありません。
見て見ないふりは許されないのが、現代のいじめです。

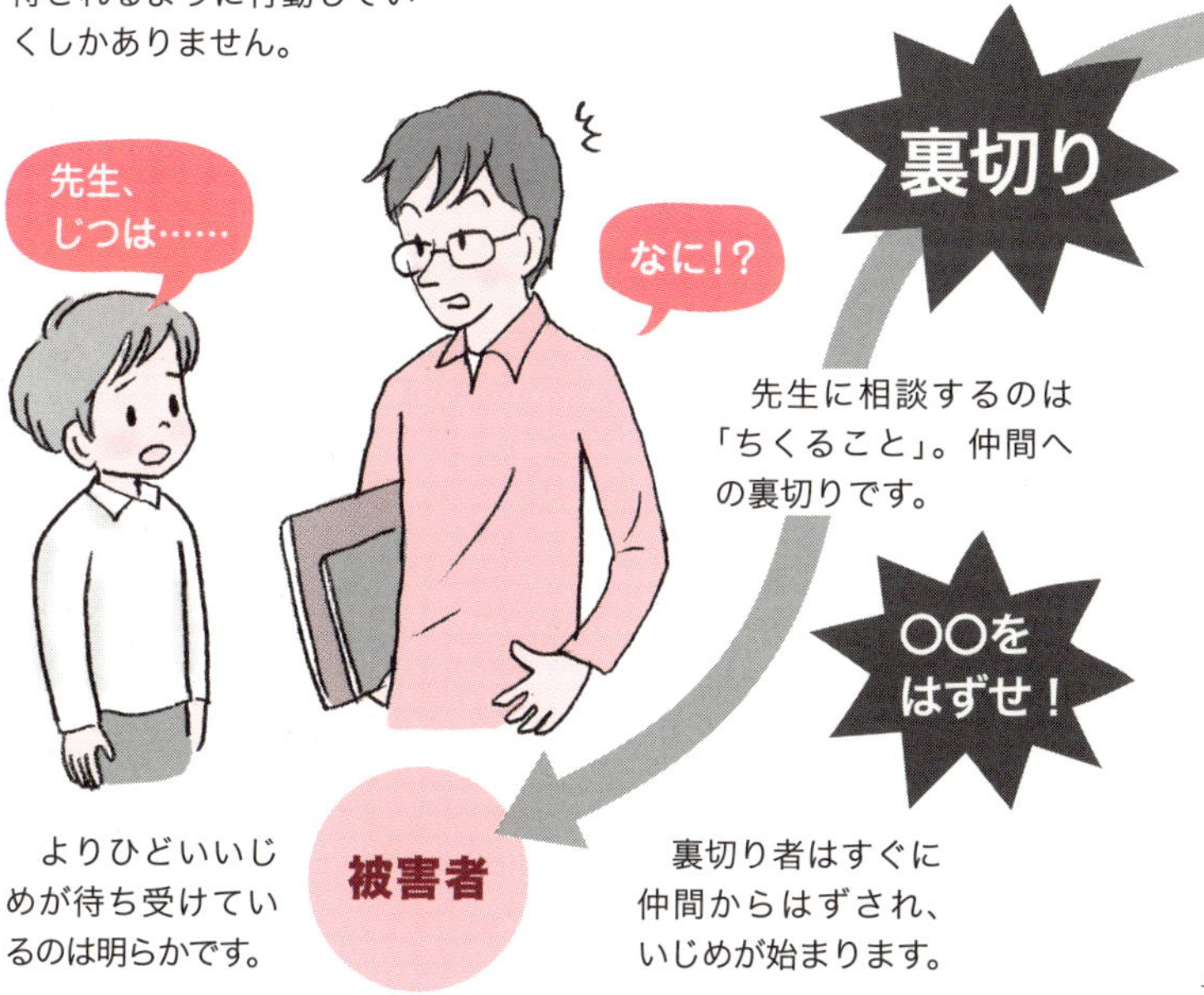
裏切り
先生、じつは……
なに!?
先生に相談するのは「ちくること」。仲間への裏切りです。
○○をはずせ!
よりひどいいじめが待ち受けているのは明らかです。
被害者
裏切り者はすぐに仲間からはずされ、いじめが始まります。

### だれもがいじめにおびえている

子どもたちの集団を支配しているのは、「今度は自分が被害者になるかもしれない」という強い恐怖感です。だれが被害者になるかは、そのときどきの流れしだい。流れから浮き上がったら最後、だれからも背を向けられ、いじめられる立場へと追いやられます。

自分がそうならないためには、被害者には被害者でいてもらうしかない——そんな思いから、加害者になっていくのです。

## 被害者はつねに交換可能

**なんらかの理由で被害者がいじめから逃れると、すぐに新たなターゲットがみつけられます。だれでもいいのです。**

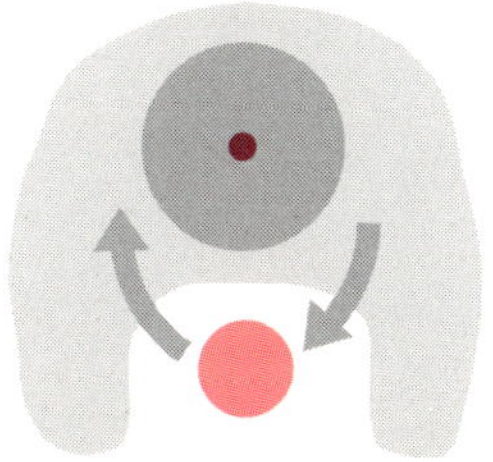

集団心理

# みんながしていることは悪いことじゃない

個人の行動は、集団の雰囲気に大きく影響されます。いじめが常態化するにつれ、ひとりではやらないような残酷なことを、みんな平気でするようになっていきます。

## 集団の力に後押しされストレス発散

加害者集団に加わり、嬉々《きき》としていじめを実行する子どもたち。彼らは、どこにでもいる、普通の子どもです。それぞれにストレスはあっても、個人として過ごしているぶんには、他人の気持ちも考えられる良い子であったりします。

ところが、集団になると話は違ってきます。特定の加害者がいじめを開始したとき、いじめを容認するような雰囲気が少しでもあると、ひとりならしないようなことを平気ではじめます。自分のストレスを発散させるために、集団の力に頼って、残酷なふるまいを重ねていくのです。

## はやしたてるのはおもしろい

**被害者を笑いものにして、いじめを楽しんでいる子どもたちに、罪の意識はありません。みんなで楽しみを共有する喜びすらあります。**

### 周囲に流されやすい思春期

いじめが発生しやすい思春期は、「自分とはこういう人間である」というアイデンティティを確立しようと模索している時期。まだ、はっきりとした自己が確立していないため、周囲に流されやすい時期です。

とくに、現代の子どもたちは精神的に未熟なため、いじめに加担してしまうのです。

おもしろがり、はやしたてる子どもたちによって、いじめは積極的に是認され、エスカレートしていきます。

○○がやれって
言ったから

遊びだよ

## みんながやっているからいい

### 責任は自分にない

圧倒的多数の集団に加わっただけという意識が強く、自分の行動に対する責任感はありません。とがめられたとしても、「自分が始めたことではない」「やれと言われたからやっただけ」などと、言い逃れられる気でいます。

### 問題を正確にとらえられない

自分たちの行動が、被害者をどれだけ追い詰めているか、被害者がどんなに傷ついているかを想像することができません。いじめという行為のなにが問題なのか、正確にとらえられないのです。

たいしたこと
じゃないよね

### 考えないようにする

被害者の痛みを少しでも想像できる子や、正義感の強い子は苦しい思いをしています。集団に迎合し、孤立せずに生き延びるために、「たいしたことではない」と自分に言い聞かせ、善悪を深く考えないようにします。

### 親子関係が影響する

日ごろの親子関係が、いじめに対する態度にも影響します。親にムカつくことが多い子にとって、いじめをはやしたてるのは格好のストレス発散の機会。自ら手を下すかどうかの違いだけで、はやしたてる子も加害者と同じ心理です。

理由づけ

# いじめる理由があると思いこまされる

「あいつは○○」といううわさが流れることで、加害者集団に加わることへの心理的なハードルは下がります。真偽のほどはともかく、いじめる理由が共有されるようになるからです。

### 正当化したい

なにも理由なくいじめるのは後ろめたい、自分を正当化したいという思いが加害者にはあります。

↓

### 被害者が悪い

「被害者がいじめに値するような人間である」というストーリーがつくられていきます。

↓

### 全員が信じる

いじめに加わる全員が、「被害者にはいじめられて当然の理由がある」と思いこみます。

↓

### 真剣にいじめる

なんのためらいもなく、被害者を攻撃していくようになります。「あいつをなんとかしてやろう」などと正義感をいだいていることすらあります。

## 全員が信じる

**いじめに加わる全員が、「被害者にはいじめられて当然の理由がある」と思いこみます。**

### ほんとうかどうかはどうでもいいこと

いじめの対象となった子についてのうわさは、事実かどうか確かめられることがないまま、連鎖的に広がっていきます。

反論するのもバカバカしいようなうわさであれば、大人は「くだらない。相手にするな」と言うかもしれません。けれど、うわさがあるからいじめられるのではありません。いじめるために、うわさが流されるのです。

うわさがほんとうかどうかは、どうでもよいのです。問題は、明らかにウソとわかるような話でも、集団のなかでは「いじめてもいい理由」として共有されるようになってしまうことにあるのです。

## ウソでもおもしろければいい

**事実無根でも、「笑えるネタ」は集団内に共有されるようになります。**

明らかにウソとわかっていても、仲間うちで盛り上がる

やべえ
すげえ

### 事実かどうか確かめようがない

うわさを見聞きした子どもは、話題として刺激的で、笑える内容であれば、ウソでも盛り上がります。うわさがほんとうであるかどうかなど、確かめようもありません。

### 根も葉もないうわさ

本人ではなく、家族を中傷するようなうわさが流されることもあります。家族が侮辱されることで、本人はダメージを受けます。

HOTEL
○○○
○○○
不倫しています

まったく関係のない写真つきで「○○の母親は不倫してる」などというメールがまわされる

あの親じゃあね
よく平気な顔で学校に来るね

うわさが広まるうちに、ほんとうのことと信じる人も出てくる

### 信じている

たとえ、うわさの内容が事実と異なっても、「火のない所に煙は立たない」と言われるように、うわさされるだけのなにかがあるのだろうと思う子もいます。それだけでもいじめられる理由になると信じています。

葛藤

# よくないとわかっているからつらい

いじめに加わりながらも、いやな気持ちを持ち続けている子どももいます。自分の行動がよくないことだとわかっているだけに、葛藤も大きくなります。

## いじめに加わったときの気持ち

**いじめに加わる子どもがいだく気持ちは、大きく3つにわけられます。**

### 当然のこと

あとづけの「いじめられる理由」を信じている子どもは、「あの子には非があるのだから、いじめられても当然」と思っています。罪の意識はほとんどなく、むしろ正しいことをしているような気になっています。

### かわいそう

いじめたときの気持ちを尋ねてみると、もっとも多いのが、「かわいそう」「いやな気持ち」という答えです。できるだけかかわらないようにしていたり、このままではいけないと仲裁者になったりするのはこのタイプの子どもです。

### なにも感じない

いじめられている子の気持ちを想像すると耐えられない、だから、あえて考えないようにしていたり、感情が抑制されていたりするタイプです。

だれかが痛めつけられていたら、自分の心も痛めつけられるような気がする。口に出しては言えないけれど、気をもんでいる

## 後悔する子も

**被害者だけでなく、やむなく加害者側に立った子どもにも、いじめの影響は残ります。**

のちに自分のしたことの重みに気づき、後悔の念にかられ、悩むようになることもあります。

- 遊び半分だった
- 真剣に考えなかった
- 人の気持ちを考えない子だった
- 自分のいやな面を知ってしまった
- だれにもこんな過去を言えない
- 自分が信じられない

- いやだけど仕方ない
- ほんとうはこんなことしたくない
- いつまでつきあわないといけないのか
- かわいそう
- なんにもできない自分が情けない
- いやな気持ち
- 大人に怒られるだろうな
- 仕返しされるかも

いじめなければ自分がいじめられるのではないか、という恐怖感から、加害者側に立っていましたが……

### 自己否定につながることも

かつてのおこないを振り返り、周囲に流されてしまったり、自己保身に走った自分を責めたり、自己を否定するようになる場合もあります。

いじめによって被害者も加害者も心の傷を負う

### いじめに加わることで心に傷を負う

いじめに加わった子どもは、自分の行動を正当化しようとします。「自分は悪くなかった」と信じ、いじめが終息したら、もう思い出しもしない子もいるでしょう。

一方で、過去の犯罪を隠しているような後ろめたい気持ちをかかえ、なにかの拍子に思い悩むようになることもあります。

いずれにしても、いじめに加わったことで心に傷は残っています。そこから目をそらすか、向きあうかの違いにすぎません。

# ひとりで立ち向かい、燃えつきて不登校に

わずかではありますが、いじめをとめようとがんばる子もいます。しかし、ひとりの努力ではどうにもならないのが現実です。

## 正しい判断力をもっている少数の子

毎日のようにくり返されるいじめを目《ま》のあたりにして、「なんとかしなければ」という思いをいだく子もいます。その思いを実際に行動にうつす子はわずかですが、皆無というわけではありません。

その子たちは、周囲に流されず正しい判断力を保っています。けれど、問題を解決する能力に長《た》けているわけではありません。ひとりで正義を主張すれば、浮き上がって孤立してしまいます。かといって大人に告げるのは危険です。結局はなにも変えられず、多くの場合、その子たち自身がつぶされる結果に終わるのです。

## バックアップが重要

**正しい心をもった子がつぶされないためには、周囲の態度が重要です。**

**とめようとする**

### バックアップがない

ほかの子どもたちからの支持が得られないまま、教師や親に告げたり、ひとりで加害者の中心メンバーに意見したりします。

↓

### 新たな被害者に

とめようと立ち上がった子どもが、「ちくった裏切り者」、あるいは「うざい奴」などとして、新たな標的になってしまいます。

### バックアップがある

加害者集団についてはいるものの内心、後ろめたい気持ちをもっていた子どもたちが、いじめをとめようとする子に共感します。

↓

### クラス全体の雰囲気が変わる

いじめに加わりながらも「かわいそう」と感じている子が多数派とわかれば、加害者集団から抜けだそうとする子も出てきます。

正義感にあふれている

# いじめをとめられないと

**だれの協力もないままがんばり続けると、燃えつきてしまうおそれが高くなります。**

いじめたら
ダメだ！

果敢《かかん》にも、いじめをとめようとする

## 親への信頼感がある

新たないじめの被害者になる恐怖はあるけれど、見過ごすわけにはいかないと立ち上がる子どもは、日頃から親への信頼感が強い子に多くみられます。困ったときには、親が相談にのってくれるという安心感が、行動を後押しすることになるのでしょう。

### 困りごとを親に相談するか

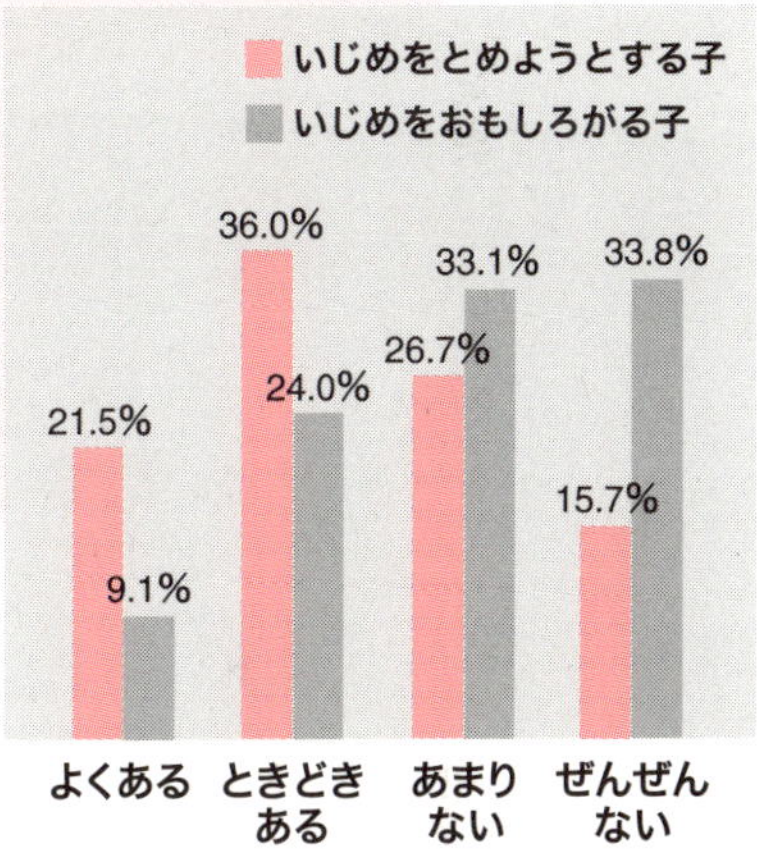
いじめをとめようとする子
いじめをおもしろがる子
21.5%
9.1%
36.0%
24.0%
26.7%
33.1%
15.7%
33.8%
よくある
ときどきある
あまりない
ぜんぜんない

森田洋司ほか編著『日本のいじめ』（金子書房、1999年）より改変

集団の波に押しつぶされ、力つきてしまう

## つぶされてしまう

せっかく立ち上がっても、ひとりで流れを変えるのは至難の業です。目立ちすぎれば、新たな被害者に。被害者になることは免れても、なにも変えられないことへの無力感でいっぱいになり、「もう、こんな状況はみたくない」と、不登校になっていく子もいます。



＊くわしく知りたい方は、健康ライブラリーイラスト版『不登校・ひきこもりの心がわかる本』（磯部潮監修）をごらんください。

Column

# 正義感の芽をつぶさないように

いじめをみつけたら、すぐに知らせなさい

そう言われてもできるものではない。ひとりの子に負わせるには、酷なことだと、教師は認識して

## 子どもの年齢による違いを考慮して

子どものことを考える際には、年齢による違いを意識しないとなりません。いじめや不登校などを扱った本の多くが、子どもの年齢を明確にしないまま対応策を書いています。しかし、小学生と中学生、高校生では、心の発達に大きな差があるので、当然対応も異なります（本書は小学校高学年～中学生が対象）。

小学校高学年になると、ほとんどの子どもは思春期に入ります。クラス全員でのいじめが起こるのも高学年から。いじめも低学年のものとは質が異なってくるのです。

小学校高学年では、正義感の強い子が、いじめや学級崩壊などクラスの荒れをなんとかしたいと行動を起こします。しかし現実には、仕返しされ、心身ともに傷を負うケースが少なくありません。

## 周囲のバックアップ態勢がカギになる

せっかく試みた行動が失敗すれば、それをみていた子どもたちは「とめようとするのは損」「正義感をもつことは自分のためにならない」と思うでしょう。こうした雰囲気に支配された集団でいじめをなくすことは容易ではありません。

勇気ある子の行動を徒労に終わらせないカギは、周囲の子どもたちの支持が得られるかどうか——。それは教師と親と地域がいっしょになって、どうバックアップするかにもかかっています。子どもだけでは無理な場合が多いのです。

小学校高学年の子どもたちは、すでに思春期に入っているとはいえ、まだ大人の手の届くところにいます。この時期になら、大人たちのサポートが機能します（サポートの例について、九八ページに紹介しました）。

# 3

# いじめが深刻化しやすい現代社会

## ―いじめの背景

昔からいじめはあったと言いますが、
それだけですませられないのが、現代のいじめ。
なぜ、これほど陰湿で残酷になったのか――。
その背景をさぐると、
解決の糸口がみえてきます。
私たちは、便利さや快適さを
手に入れたぶん、大切なものを
なくしてしまったようです。

実態

# ケータイ、ネットは加害者を優位にする

Bはウソつき
明日から
クラス全員Bを
シカトすること
—Aより—

**1**

ある日のこと、自分の名前で、親友のBさんをシカトするように指示するメールが一斉送信されてきた。まったく身に覚えがないことで、Aさんはビックリしてしまった

**2**

翌日、学校に行ったら、Bさんがカンカンになって怒っている。「私じゃないよ。名前を使われただけ」と言っても、聞いてくれない

あんたのせいよ

あいつか
よくやるよ
あの顔で……
?

**3**

さらに数日後、クラスの男子が自分を指して「キモい」と騒いでいる。女子は女子で、こっちをみてヒソヒソ話。なにがなんだかわからないけれど、クラス中のみんなからシカトされるようになってしまった

なんのこと？
えっ！
まさかBの仕返し
じゃないよね

4

知らない人から「いくらならいい？」などというメールも次々と送られてくるようになった。なかには、「ブスがエンコーするな」などという中傷メールも……

5

メールに書かれていたサイトにアクセスしてみると、だれかに撮られた体育の授業前の着替えをしている自分の写真が貼られたうえ、援助交際を求めるコメントが実名で出されていた

6

学校名や通学路までのせられていたため、帰り道、見知らぬ男が待ちぶせしていたことも。こわくてたまらない。親友だったBさんも信じられなくなり、ほんとうの加害者は誰なのか不明のまま、いじめはどんどんひどくなってきている

友だち関係

# 友だちづきあいのルールを身につけていない

ケータイのアドレス帳にはたくさんの「友だち」の名前が連なっている。けれども、なんでも話せて、心から信頼できる友だちなんていない——そんな子どもも少なくありません。

## 友だち集団での遊びを経験していない

人とのつきあい方のルールを学ぶ途中にある子どもたちは、もともとぶつかりあうことが多いものです。幼児期から少年少女期にかけて、子どもは友だちと集団で遊ぶなかで、互いの主張をぶつけあい、折りあいをつけるスキルを身につけていきます。

しかし、今の子どもたちは、集団で遊ぶ経験があまりありません。そのような育ちのため、思春期に入ってストレスがたまると、友だちの気持ちも考えずに、いじめというかたちで発散します。これが、現代のいじめが深刻化しやすい背景のひとつです。

### 友だちとのかかわりの発達

悪いこと、危険なことも遊びのなかでおぼえていく

**少年・少女期**

ギャングエイジともよばれ、仲間と認めた相手とグループをつくって行動したがる時期。ただし現代はこの時期が短くなってきています。

**思春期**

小学校高学年から高校の時期が思春期。気の合う同性の友だちとの間に親しい関係が築かれることで、心の安定がもたらされます。

本音でつきあい、互いに高め合う友だちができる時期

**青年期**

これまでの過程を経たうえで、自分とは違う存在である異性を、恋愛の対象として求めるようになります。

## 中学、高校での友だちのつくり方が変わった

入学直後やクラス替えのあと、「仲良しグループ」ができるまでの流れが、
今と昔ではだいぶ変わってきています。

**現在**

### くっつく
孤立をおそれる気持ちが強く、とりあえず手近な者どうしでグループをつくる

↓

### 閉鎖する
一度グループをつくると、グループ外の人とは、ほとんど接触しない

↓

### 緊張する
互いにそりがあわないと感じても、いっしょにいようと無理をする。本音を出さずに表面的につきあう

**かつて**

### ようすをみる
だれがどんな人か、はじめは互いに観察しあっている

↓

### 話してみる
とりあえず興味をもった相手と話してみて、仮のグループが形成される

↓ 友だちの組み替えを行う

### 友だちになる
互いに気があえば、仲間と認めあい、友だちになる

**もう1つの変化**

### 親が口を出す

少子化の影響もあって、子どもの教育に熱心な親が増えています。友だちを選ぶことも親の務めと考えるのか、「あの子は……」などと、子どもの友だちを批判してしまうことも。けれど、思春期の子どもにとって、友だちをけなされることほどいやなことはありません。

親友になるには、相手に「自分はこういう人間なんだ」と自分のことを伝えられるかどうかが鍵になります。こうした自己開示が徐々に行われていくことで、ただの友だちから、お互いに本音で話すことができる親友になっていくのです。

子どもの生活

# 勉強とIT画面だけをみる生活

勉強さえしっかりしていればよいと言われ、あとはゲームやネットで時間を費やす子どもたち。友だちづきあいのスキルを身につけていく機会はなかなかありません。

## 平均的な一日の過ごし方

**小学生でも高学年になると、平日は勉強に追われ、友だちと遊ぶ時間がとりにくくなっていきます。**

### 点数にこだわる

子ども自身もその親も、ほかの子どもとの優劣を気にする傾向があります。それをはかる軸はテストだけになっているため、点数にこだわる傾向がみられます。

就寝時間が遅くなるぶん朝も起きられないため、朝食抜きの子が増えています。

子どもには、「テストの点数が悪かったら、親の機嫌が悪くなるだろうな」などというプレッシャーがあります。

テストの点数によっては、おこづかいの金額も変わる

### 一日中、楽しいことがなにもない

いじめが目立つようになる小学校高学年は、受験が意識される時期でもあります。学校の授業時間も増え、塾通いで忙しくなる子もでてきます。受験する子もしない子もそれぞれに忙しく、友だちと集団で遊べない現実があります。一日中、楽しいことなんてないと感じる子も少なくありません。

そんな子どもたちの心をとらえるのは、ゲームやインターネットなどバーチャルの世界でしょう。ひとりで、好きな時間に、刺激に満ちた世界を楽しめます。けれど、それでは人とのコミュニケーション能力は身につきません。

### 子ども部屋が個室

家庭で個室が与えられている子どもは、家に帰ってもひとりで過ごすことが多くなります。家族とのコミュニケーションも少なくなりがちです。

### 小学校でもパソコン必須

いまや小学校でもパソコンの授業があるほど、子どもにとって、IT は身近な存在。遊び道具という以上に、自分と外の世界をつなぐ道具でもあります。

小学生でも自分のブログをもっている子がめずらしくなくなってきています。匿名性の高いネット上でしか、本音を吐き出せないでいます。

チャットでコミュニケーション能力が身につくとは、とてもいえない

### 子どもにとって大切なのは

親は、子どもが勉強さえしていれば安心。「勉強、勉強」と言い続けます。しかし、コミュニケーション能力なしには、どんな才能も生かせません。

夕食もコンビニの冷たいおにぎりですませ、とにかく勉強

中学受験を目指す子どもは、高学年になると塾に通う日数が増え、遅い時間まで塾で勉強するのが一般的になっています。

一日中、親に言われているのは「しなさい」と「早く」ばかり

自分が休みの日でも、仲のよい友だちは塾の日、などということも。結局、いっしょに遊ぶ友だちがいません。

宿題やったの？

テストの点がよかったから、新しいソフトを買ってもらえた

### ひとり遊び

暇な時間は、ひとりでテレビやゲーム三昧《ざんまい》。友だちとのやりとりは、ケータイでのメール交換が中心で、電話で会話することすら減っている子どもも増えています。

早く寝なさい

就寝

# 家庭はやすらぎの場ではなくストレスの場

子どもたちが近所で集い遊ぶ、などということはできない世の中になってきています。
大人に管理された生活のなかでは、家庭でやすらぐことすらむずかしく、心が育ちにくくなっています。

## 子どもたちのスケジュールはいっぱい

今どきの子どもたちの多くは、幼い頃から塾や習い事などで忙しい生活を送っています。

子どもの数が少ないうえ自由に遊べるような空間も少なく、「広場に行って、そのへんにいる子と遊ぶ」などという経験はなかなか得られません。物騒な事件があれば親の心配も募ります。塾や習い事に通わせるのは、なんとか充実した時間を与えたいという親心でもあるでしょう。

しかし、スケジュールのつまった子どもたちは、やすらぐ暇がありません。家庭ではストレスを解消できなくなっています。

### 良い子ほど無理をする

**人間は「○○すべき」という社会的要請に応えるだけでは心のバランスが保てません。心が健康に育つためには「○○したい」という生《なま》の欲求をどこかで満たす必要があります。**

**生の欲求**

自分がやりたいことや、ほんとうに好きなことをしないと……

**わからなくなる**

欲求がなくなり、親の用意することだけをこなす毎日

**社会的要請**

良い子であるために「すべきこと」が子どもにはみえすぎている

**大人の期待**

親や教師からの期待が大きすぎる。期待に応えようとする良い子たち

思春期にゆきづまる良い子たちが多い

**親が子どもの人生を使って、自己実現をはかってはいけない**

## 幼児英才教育の影響

幼児教育のすべてが以下のようになるわけではありませんが、
年齢に見合わない無理なことは、悪い影響をもたらすおそれがあります。

家庭では習い事の成果をつねにチェックされる

**心の育ちの未熟性・かたより**

### まわりの子への思いやりが育たない

教育には評価がつきもの。友だちはすべて競争相手にみえます。「どちらが上か」「どちらが勝つか」ばかりが気になる環境では、思いやり、いたわりあう気持ちが育ちにくくなります。

### 自己中心的な子になる

他人を思いやる気持ちが育っていないため、友だちがどう感じようが、自分さえよければいいと考えがちです。自己中心的な未熟な性格、かたよった人格になっていきます。

### 親からは条件付きの愛情のみ

子どもへの評価はもっぱら「ここがダメ」「こうしたほうがいい」などという否定的なもの。「○○ができれば良い子」「○○ならいい」などという条件付きでしか愛されません。

### 自己の存在に自信がもてない

自分は存在するだけで価値があるのだと感じられないまま成長すると、思春期に入り「自分とはなにか」というアイデンティティを確立させるときに、つまずくことになりかねません。

# 親もいじめ・いじめられのなかで育ってきた世代

子どもたちのいじめ問題をいさめるどころか、かえって大きくさせてしまうこともある親が目立ちます。親たちにも、自分が経験してきたいじめ・いじめられ体験の影響が残っているのです。

## かわいいのは自分の子どもだけ

子どもたちが友だちづきあいに戸惑うのと同じように、親たちもまた親どうしのつきあいにぎこちなさを感じています。

今どきの親の多くは、いじめ・いじめられという経験を積んできた世代であり、互いに深くつきあおうとはしません。かわいいのは自分の子どもだけ、というのが大方の本音ではないでしょうか。

また、集団のなかでは、いじめのターゲットにならないように細心の注意を払うことが習い性になっています。強く主張する親には迎合するような態度をとる人も少なくありません。

### わが子が加害者になることを極端におそれる親

1 いじめの被害者が先生に相談。先生は、いじめの加害者を注意する

2 加害者は「先生に怒られた」と親に訴える。加害者の親はカンカンになって怒る

3 いじめ集団の親どうしが共謀して、「○○さんちの子がうちの子にいじめられたと騒いでいる」と被害者の親の悪口を言う

4 加害者の親たちは次々に被害者宅に電話を入れ、「いじめられるのは、あんたの育て方が悪いんじゃないの!?」とおどす

5 それ以来、保護者会などで被害者の親はほかの親から無視されるように

# 親も人とのかかわりが希薄

**いじめの問題に直面している子どもたちがかかえている問題は、親自身の問題でもあります。親もまた、それぞれに孤立しているのです。**

核家族として育ってきた世代

本音でつきあうのが苦手

優劣を気にする

親どうし協力して解決しようというふうにはならない

すでに地域共同体が崩壊していた世代

孤立して子育てをしてきた世代

**わが子だけが優秀なら、それでいい**

## 優秀な子どもを育てることが親の務め

バブル崩壊後の1990年代以降、「お受験」と言われるような小学校や中学校への受験が目立ちはじめました。親自身が育ってきたのは、学歴がものを言った時代でもあり、子どもにはよりよい教育を受けさせたいと考えるのでしょう。一方で、「わが子」しか目に入らないような親も増えています。

**親もすでに、いじめの風景のなかで育った世代**

## 社会問題化したのは1980年代中頃

学校でのいじめが広く社会問題化したのは1980年代中頃以降（P7参照）。以来ずっと続いています。

今、いじめ問題に直面している子どもたちの親の多くは1965～1975年生まれで、ちょうどいじめが学校で日常化したころに育った世代でもあります。

地域の崩壊

# 人間関係の希薄さがいじめを加速させる

いじめがあるのを知りながら、なぜだれもとめないのか——そんな批判をする大人たち自身、自分に直接関係のない人にはまったく関心をもたずに過ごしているのが実情です。

**見て見ぬふり**

自分には関係ない、巻きこまれたら困ると考え、通り過ぎていきます。

**街では**

困っている人がいても、手を差し伸べようとする人はほとんどいません。

**大人と同じことをしているだけ**

見て見ぬふりをするのは大人と同じ。「自分でなくてよかった」と思うだけです。

**教室では**

だれかがいじめられているのをみても、だれもとめようとはしません。

## 他人にかまわない人が増えている

悪さをしている子どもをみかけたら、よその子でもきちんと叱るという大人は減っています。

他人がなにをしていようがかまわないし、他人にかまってほしくないと思う人が増えている社会。下手に声をかければ「不審者」と言われかねません。みな「さわらぬ神に祟《たた》りなし」と、無関心を装うのも無理はありません。

ただ、社会全体に蔓延《まんえん》するこうした風潮は、子どもたちにも伝わります。いじめが起こってもそれをとめようとしない背景には、他人が困っていてもかかわろうとしない大人社会があるのです。

## 人間関係の単純化と希薄化がすすむ

かつては、生活していくためには共同体のつながりが必要でしたが、今はその必要がありません。

個人重視の時代へと移り変わるなかで、核家族化がすすんできました。

現代では、親も子もつきあう人が限られ、かつ表面的になっています。

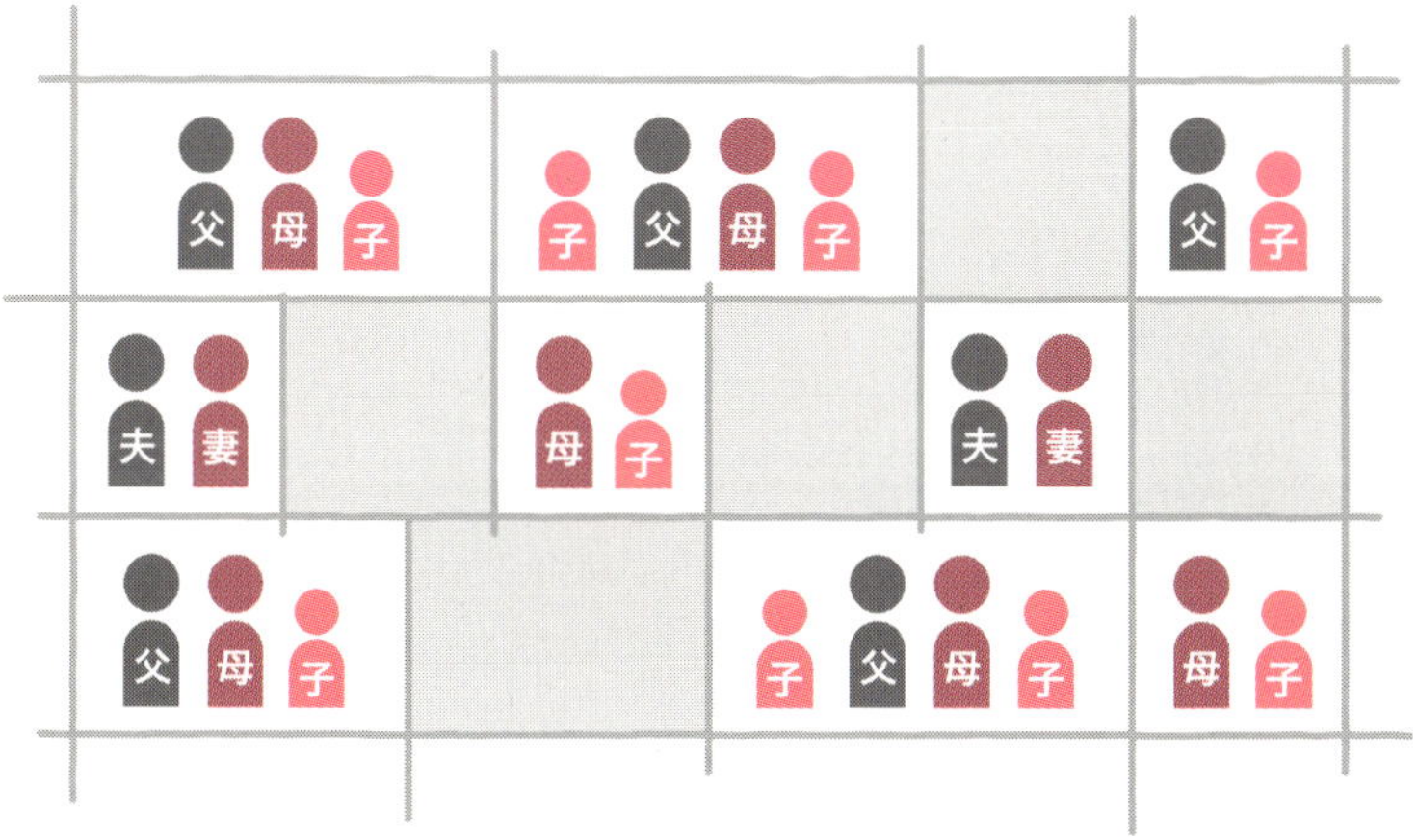

父
母
子
子
父
母
子
父
子
夫
妻
母
子
夫
妻
父
母
子
子
父
母
子
母
子


わずらわしさがなくなったという面もあります。これは私たちが望んだことでもあります。

↓

親と先生、同級生としかつきあいがないという子も少なくありません。親も近隣とのつきあいは浅いものです。

↓

問題が起こったとき、地域の力をあてにできません。とくに、介護やいじめなど、家族だけでは対応できないときに困ります。

## いまこそ地域の力が必要なとき

いじめや学級崩壊などは、家庭だけ、あるいは学校だけでは、解決できません。

こうした、地域で取り組まなければならない新たな問題が増えています。

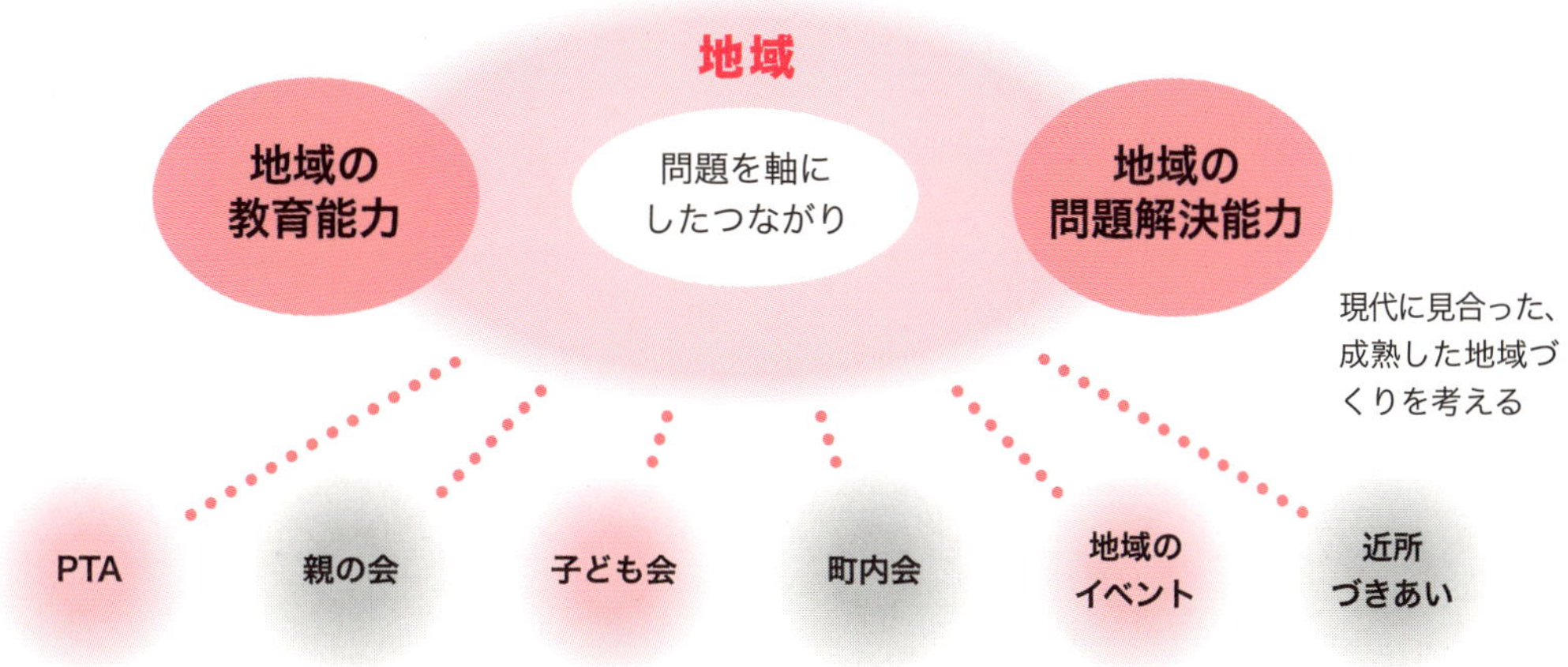

地域
地域の教育能力
問題を軸にしたつながり
地域の問題解決能力
現代に見合った、成熟した地域づくりを考える
PTA
親の会
子ども会
町内会
地域のイベント
近所づきあい

大人の姿

# 立て前ばかりの大人社会にしらけている

子どもたちの目に、大人は魅力的な存在には映っていないようです。自分の将来に夢をもてず、目標もないまま、現状の閉塞感のなかで子どもたちはうっぷんをためています。

一流企業の偉い人も、学校の先生も警察の人も、お医者さんも、あやまってばかり

## 世の中、なにか変だと気づいている子どもたち

「大人になったら、こうしたい」「将来は、こうなりたい」などという夢をもつこと、そして、その目標を実現させたいという思いは、毎日をイキイキと過ごす原動力です。

　ところが、子どもたちにとって、大人になるのはまったく魅力的なことではないようです。表向きは「りっぱな職業」についている人が、かげで悪いことをしていたという事件が連日のように報道されています。子どもたちが、世の中、なにか変だと思うのも当然のことでしょう。

　将来のモデルとなるような対象がなく、目標をもてない子どもたちは、「大人たちが望むように、がんばって勉強をして、レベルの高い学校に行っても先はみえている」と、しらけきっているのです。

### 子どもたちの冷めた目

　学年が進むにつれ、将来に明るい希望がもてなくなっています。あきらめ意識が子どもたちにも浸透していると言えるでしょう。

**Q 自分ひとりががんばっても社会はよくならない**

| | そう思う | どちらかというとそう思う |
| --- | --- | --- |
| 小5 | 34.3% | 22.0% |
| 中2 | 33.4% | 33.7% |

**Q あなたが大人になるころ、日本の社会（暮らし）はいまよりもよくなる**

| | そう思う | どちらかというとそう思う |
| --- | --- | --- |
| 小5 | 21.2% | 27.6% |
| 中2 | 8.5% | 14.3% |

■そう思う　■どちらかというとそう思う

「親子関係に関する調査報告書」（東京都生活文化局 2003年）

## 本音と立て前の大人社会

大人の社会では、本音を隠し、立て前を通すことがありますが……。

**親**

立て前　あなたのためよ

本音　優越感にひたりたい

「あなたのため」と言っていろいろやらせようとするのは、「よくできる子どもをもつ親になりたい」という思いもあるからです。

**学校の先生**

立て前　友だちと仲良くね

本音　トラブルはいや

「いじめはよくないこと、いけないこと」と説く心の底には、トラブルをさけたいという思いがあるのは否定できません。

**思春期は、大人の本音と立て前の違いに気づき、大人を否定する時期**

**学校**

**落ちこぼれ**

勉強についていけない子は放置

**吹きこぼれ**

勉強ができるため授業がつまらない子は放置

本音　偏差値しだい

立て前　子どもたちは皆、平等

ますます激化する学校での本音と立て前の矛盾を、子どもたちは敏感に感じとっています。

成果主義

# 努力はどうでもいい、結果を出せ、という社会

努力は必ずしも報われるとはかぎりません。成果が求められる社会では、努力すること自体の意味が見失われています。子どもたちは、そうした空気を敏感に読み取っています。

## 努力は認めない

**成果主義というのは「結果がすべて」ということ。そこに至るまでの過程は問題にされないということでもあります。**

現代の大人社会は成果主義

要領よく立ち回れば
努力なんてしなくてもいい

### 目標を達成できそうもない

親から押し付けられる目標が高く、それを達成して成果を得るのはむずかしい場合も多くあります。

### がんばっても認められない

努力が必ずしも実を結ぶわけではありません。子どもがどんなにがんばっても、成果が得られなければまったく評価されません。

### 努力はダサい

効率よく計画的にコストを安く（3K）という風潮のなか、努力はダサいと、子どもも感じます。

### 努力を否定することで、安心を得る

努力なんてしてもしかたないと、努力することを否定し、現状に甘んじます。

**大切なこと**

**努力より要領**
**がまんよりノリ**

## 大事なのはフィーリング

**判断の基準は好き嫌い。
将来や善悪ではありません。がまんは無用。
気分のよいものばかり選ぶことになります。**

### ノリが大切

将来に夢をいだきにくい子どもたちにとっては、「現在の自分」が満足できるかどうかがいちばん大事なことになっています。行動の基準は、将来に結びつくかどうかより、今が楽しければいいという、刹《せつ》那《な》的《てき》なものになっています。

## 目標があっても到達できそうもないなら

小さいときから子どもは、親や先生から「試験で良い成績をとる」「偏差値の高い学校に入る」などといった当面の目標を与えられます。小学生の間はこうした期待に応えようと努力するものです。

思春期に入り、目標に到達できそうもないと感じたとき、子どもは目標を失い、生きる方向がみえなくなります。努力していた子ほど挫折感を強く感じます。

成果主義の社会では、「結果に結びつかない努力はムダ」と切り捨てられてしまいます。そんなことなら、できそうもないことに一生懸命になるのはバカバカしい、今が楽しければいいと、思春期の子どもたちが考えるようになるのも、不思議ではありません。

### 生きる力は育たない

極端な成果主義では、目標達成のためにがまんするなどといった忍耐力はつきません。「他人がどう言おうと自分は自分」という自尊感情も育たず、生きる力がついていきません。根なし草のように、ふらふらとまわりの雰囲気に流されてしまいます。

# 学校生活でおもしろいことがなにもない

学校生活で楽しいのは、友だちとしゃべったり遊んだりすること、というのが大半の子どもたちです。けれど、無邪気に友だちとの関係を楽しんでいるというわけでもなさそうです。

## 学校はつまらない

**人間は同年代に対してもっとも関心が高いもの。思春期に入った子どもたちはお互いに強く刺激しあっています。**

**学校は緊張の強い場**
規制と緊張の強い学校では、ワクワク、ドキドキするような場面が少ない

**勉強**
授業についていけない子と、学校の授業は簡単すぎてつまらない子に二極分化

**クラスメート**
お互いの言動に強く刺激され、常にお互いの優劣が気になっている

**生活**
生活態度までが内申点として評価の対象。息がつまる

**先生**
話せる先生もいなくはないけれど、あれこれうるさくて嫌いな先生もいる

**おもしろいことは学校の外にありすぎる**

## 学校生活の楽しさは？

**学年が進むにつれ、楽しいことがなくなり、いやなことが増えます。**

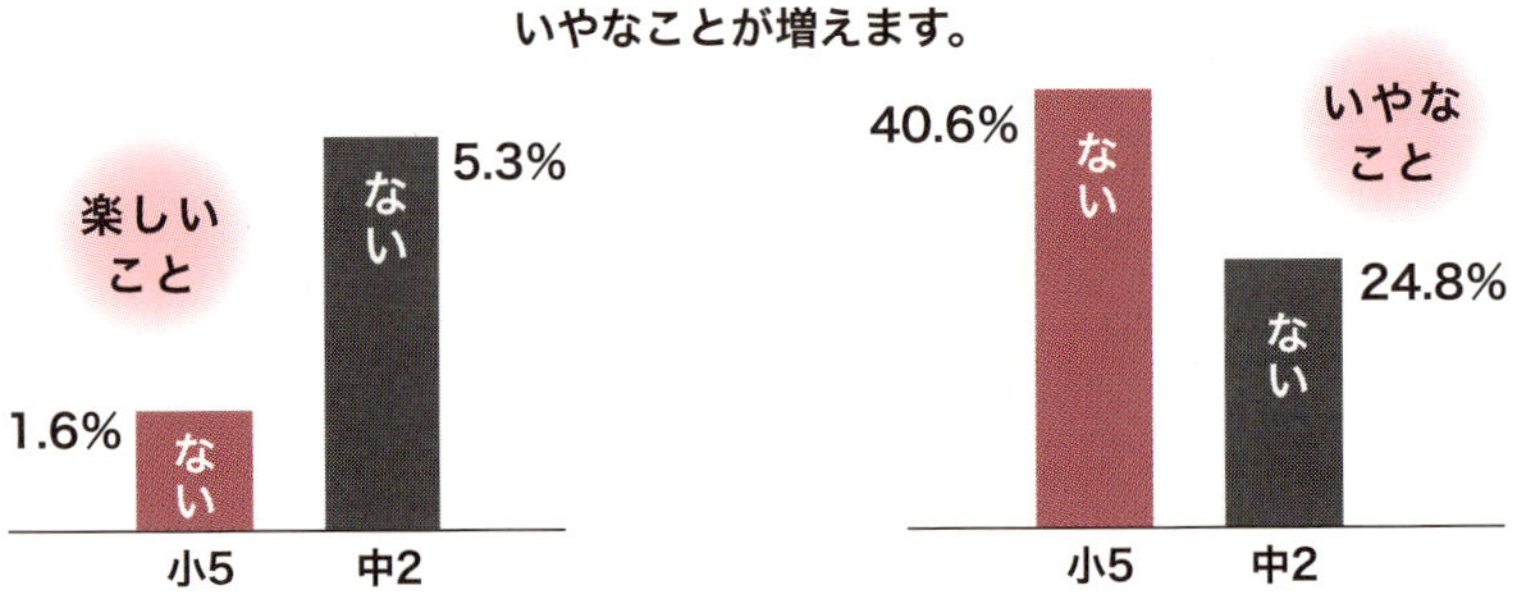


「親子関係に関する調査報告書」（東京都生活文化局 2003年）

## 教室は閉鎖された空間

**いやおうなしに放り込まれ、逃れることができない空間のなかで、子どもたちの間には緊張感がただよっています。**

### 固定メンバー

固定されたメンバーでの、クラス単位での活動がほとんど。クラスになじめなくても、逃げ場がありません。

### 多人数

１クラス数十人の子どもたちが、狭い空間のなかでひしめいています。いずれも思春期真っただ中。それぞれに不安定な心をかかえています。

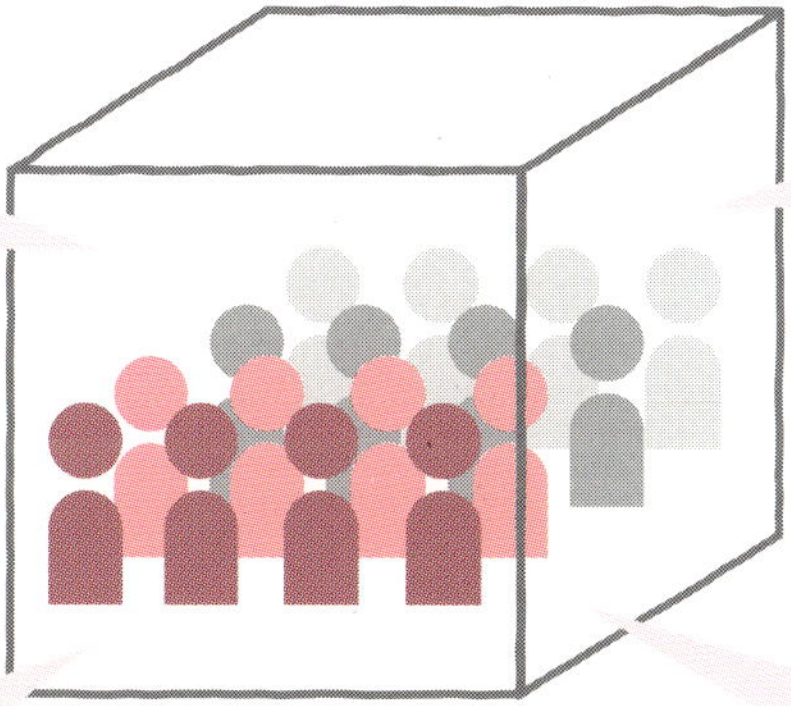

### 規制が多い

集団生活を維持するために、服装や髪型など、細かく校則で決められていて、息がつまります。

### ストレスが充満

親の期待や見通しのたたない将来、同年代の子どもどうしの緊張など、教室にはストレスが充満しています。

**なにが起こっても不思議ではない**

## 毎日がつまらない子がクラスにひとりでもいると

多くの子どもたちにとって、学校生活は、さほどネガティブなものではありません。しかし、学校がつまらなくて、だれかをいじめて気晴らしをしようとする子がひとりでもいると、クラス全体が、その子に引っ張られるようなもろさもかかえています。

教室という閉ざされた空間の中では、いじめが「おもしろいこと」になるおそれも高いのです。

### 学校の楽しさを知らない親も少なくない

思春期に友だち関係に悩むのは、いつの時代も同じです。しかし、子どもたちの親が学校生活を送っていた頃は、いじめとともに、校内暴力も問題になった時期。「小中学校はいやな思い出ばかり」という人も少なくない世代です。

対教師

# 子どもも親も、先生をなめきっている

「いじめが深刻化するのは教師の指導力不足」と、教師を責める声もあります。けれど、教師が指導力を発揮しにくい状況に追いやられているという現実もあります。

親が先生をバカにする
↓
子どもも先生をバカにしていいと思う
↓
先生がいじめの加害者に注意する
↓
まったく効果がない
↓
むしろいじめは悪化

## 先生の言うことなど子も親も聞かない

教職が「聖職」として尊敬されてきたのは、過去の話になりつつあるようです。「先生とはいえ、自分よりレベルが低い」などと公言する親や、「失業の心配がない恵まれたサラリーマン」などとやっかみ半分に揶揄《やゆ》する声も聞かれます。教師をバカにする風潮が社会に蔓延《まんえん》していると言っても過言ではないでしょう。

親がこの調子では、子どもが先生の言うことを聞くわけがありません。教師と子どもの上下関係さえ、あいまいになっています。

それでいて、いじめの問題が生じると、教師の指導力不足が責め立てられます。これでは、教師のやる気が失われるのもしかたないでしょう。教師に責任を押し付けても問題は解決しないことを、心しておくべきです。

### モンスターペアレント

学校側に、理不尽な要求やクレームを一方的に突きつけ、執拗《しつよう》に解決を迫る保護者は「モンスターペアレント」などとよばれます。今どきの親たちの身勝手さを象徴する存在として、広く知られるようになりました。教師の負担が大きくなっている要因のひとつであることはたしかです。

しかし、「親が悪い」と決めつけるような論調もまた、問題を複雑にさせてしまいます。教師と保護者が互いに責めあい、不信感をまねくだけでは、何も解決しません。

いじめや学級崩壊などは、学校の教師と保護者、地域が一体となって解決をめざしていくことが望まれるからです。

## 教師への勝手なクレーム

**教育はサービス、自分たちはサービスの受益者、という意識をもつ親の増加が、クレームを増やすことにつながっています。**

教育委員会に言うよ
なぜうちの子が卒業アルバムの中心に、いないの？　撮り直して
うちの子にそうじなんてさせないで。家でもさせないのに
ハズレの先生だ
義務教育なんだから給食費を払う必要はない
しつけも学校で
旅行に行くから、3日ほど子どもを預かって
パソコンを教えて
学力アップ
英会話を教えて

### 心の病にかかる

教師は授業以外にもたくさんの仕事をかかえています。そのうえ、保護者からの意見、注文の対応に追われます。

自分と同じように忙しそうな同僚や先輩に相談することもできないまま、ひとりで悩み、心の病に陥る教師も増えています。

### 変化の兆しも少しはみえる

もちろん、すべての親が身勝手な要求をするわけではありません。教師を責めるだけではなにも解決しないこと、いつ自分の子どもがいじめられる立場になるかわからないことなどを真剣に考え、学級運営に協力的に取り組もうとする親もいます。

Column

# 今なぜ、いじめが深刻化しているのだろう

かつては思春期の坂は短くゆるやかで目標に向かって登っていけた。今は長く険しい坂で目標がみえない。気力も体力も育っておらず、登りにくい

## 心が育つ環境が失われつつある

近年のいじめは、生きる力をうばうほど深刻化しています。その背景として、思春期に入ってもなお子どもの心が年齢相応に発達しておらず未熟なこと、精神的ストレスが大きいことがあげられます。

現代は昔に比べ、子どもの心が育ちにくい時代です。

幼児期の子どもには、無条件の愛情が必要です。しかし、早期知育教育や児童虐待のひろがりに象徴されるように、乳幼児がのびのびと暮らせる環境が失われつつあります。

また、コミュニケーション能力を育てるうえでは、子ども集団での遊びが不可欠ですが、この点も不十分と言わざるを得ません。小学生は塾や習い事に忙しく、仲間どうしで自由に遊ぶという体験が圧倒的に足りないのです。

## 長く険しくなった思春期の峠

もうひとつ、現代は思春期が長くなっていることもあります。思春期の始まりは第二次性徴の始まりですが、この時期が昔にくらべ、早くなっているのです。思春期の終わりは、「一人前の大人」として自他ともに認められるときです。

今は、小学生から思春期に入り、大学生になっても、なかなか一人前とは認められません。

思春期に入ったとき、自分はどんな大人になれるだろうかという人生の根幹にかかわる疑問を突き付けられます。

しかし、モデルとなる大人像がみえにくくなっています。子どもたちは、長く険しい思春期を、目標がみえないまま生きていかなければなりません。

こうしたことが複合的にからみあったなかで、いじめが深刻化しているのです。

# 4

# 親や先生には知られたくない
## ―いじめられている子の心理

死を考えるほどつらいのに、なぜ親や先生に相談しないのか、
ほんとうにおそれていることはなにか――。
いじめられている子の、ぎりぎりの心を、
正面から見据えないとなりません。
がまんできるだろう、などと放っておいたら、
取り返しのつかないことになってしまいます。

# 生きる力を徹底的にうちくだかれる

## 1

中学1年生のAくんは、2学期になって急にクラスのみんなから無視されるようになった。だれからも声をかけられない日が続いているが、Aくんは、「いつものこと」とじっと耐えている

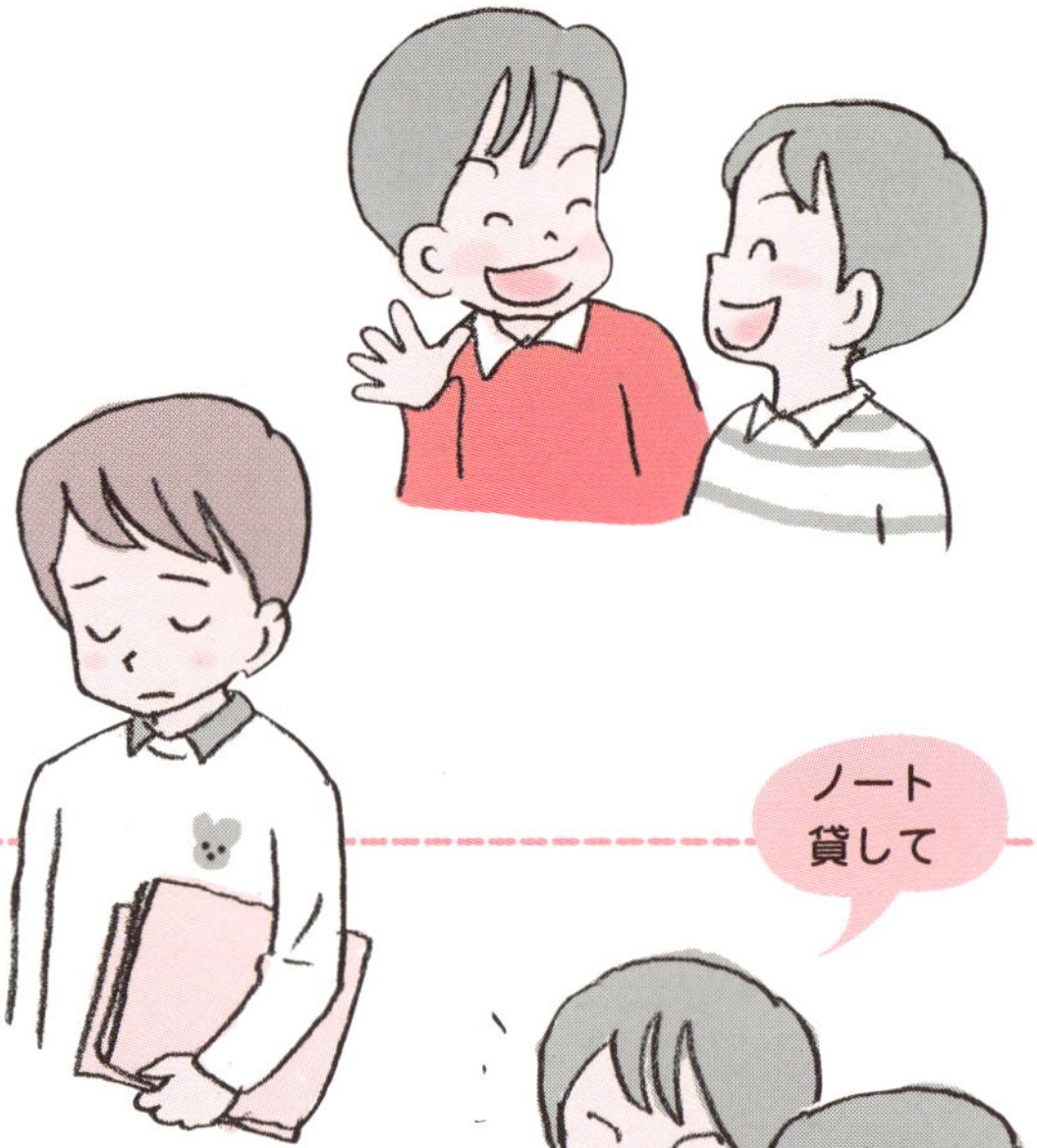
ノート
貸して

## 2

テスト前、クラスメートがノートを借りにやってきた。にこやかな笑顔で話しかけられたAくんは、もう無視なんてされず、前のように仲良くすごせるようになるのかと、一瞬、期待した

えっ？
Aのノート、
バッチリだもん

## 3

ところが、返ってきたノートは汚され、無残な落書きがされていた。期待していたぶん、Aくんの落ち込みは激しかった

生きてる意味あるの？
何で生きてんの？

## 4

それ以来、ただ無視されるだけのいじめではなくなっていった。通りすがりに、Aくんの存在を否定するような言葉を投げかけてきたり……

## 5

だれがやっているのかわからないが、机にゴミを入れられたり、落書きをされたりもする

## 6

そして、Aくんを囲んだクラスメートが差し出したのが、バタフライナイフ。「これ使ったら」という言葉に、「そうしたら楽かもしれない」という思いがよぎるAくんだった

自己否定

# 自分でも自分が情けないと思ってしまう

いじめを受け続けた被害者は、加害者を責めるのではなく、自分自身を否定する気持ちが強くなっていきます。自分は生きている意味がないと、思いつめてしまうこともあります。

## ダメな人間だと思いこまされる

いじめが起きるのは、加害者側に問題があるからです。

しかし、執拗ないじめを受け続ける被害者は、「こんなにいじめられるのは、もしかしたら自分に問題があるからではないか」という思いにとらわれていきます。

被害者が自尊感情を保つのは容易なことではありません。存在を否定されるようなメッセージを毎日受け続けるのですから、「自分は価値のない人間だ」と思いこんでしまうのも無理はないでしょう。

実際、いじめの被害者の自尊感情は低い傾向にあることが、さまざまな調査で示されています。

## 自尊感情の育ち

**自尊感情とは「自分はかけがえのない価値のある大切な存在だ」という確信に満ちた感情であり、生きていく力の基礎となるものです。**

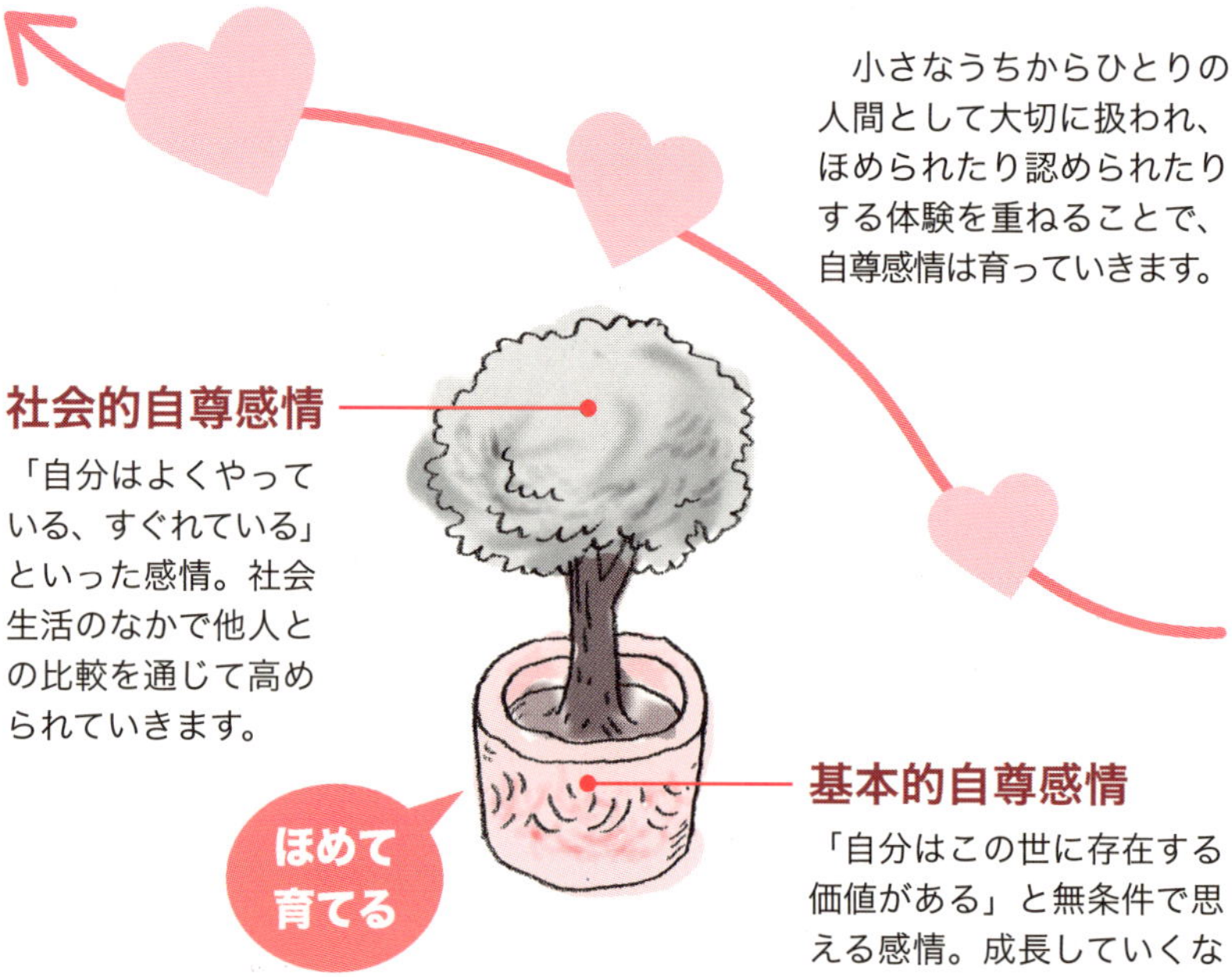


小さなうちからひとりの人間として大切に扱われ、ほめられたり認められたりする体験を重ねることで、自尊感情は育っていきます。

**社会的自尊感情**

「自分はよくやっている、すぐれている」といった感情。社会生活のなかで他人との比較を通じて高められていきます。

**基本的自尊感情**

「自分はこの世に存在する価値がある」と無条件で思える感情。成長していくなかで、生きる力としてはぐくまれていきます。

『いのちの教育の理論と実践』
(近藤卓編著、金子書房、2007年)

## いじめは生きる力を奪う

**根拠のない、加害者の勝手な理由から、被害者への攻撃が始まります。**

「おまえらがすることなど、なんでもない」と平静さを装う子もいます。自尊感情を保つために、いじめを受けている屈辱感から目をそらして耐えているのです。

いじめ

**自尊感情でこらえている**

自尊感情が育っている子どもは、最初のうちはがまんしたり、やりすごすことができますが……

いじめ

**いじめられることを納得してしまう**

執拗かつ巧妙ないじめを受け続けるうちに、「自分が悪いからいじめられるのだ」と思うようになっていきます。

**自尊感情はズタズタになっている**

「悪いのはおまえだ」「おまえは生きている価値がない」というメッセージを送られ続け、自分でも納得してしまうと、自尊感情はズタズタになってしまいます。

**いじめの大きな罪**

いじめは、たんに被害者をいやな気持ちにさせるだけではありません。なんの問題もない被害者の生きる力を奪うという点にこそ、大きな罪があるのです。

隠す理由①

# 発覚すると自分が恥をかくことになる

徹底的に屈辱的な思いをさせられてきた被害者は、いじめを告発することで、自分の情けなさが広く知れ渡ってしまうことをおそれます。だから、じっと耐えています。

## 笑いものになる

**被害者を恥ずかしい目にあわせて笑いものにするというのは、いじめのパターンのひとつ。そのために、巧妙にワナをしかけます。**

**いじめの内容**
「臭い」「汚い」などと悪口をいわれ、ゴミのように扱われています。制服を汚され、ゴミ箱に捨てられていたこともあります。

**いじめの理由**
ゴミ箱から拾った服でも着てしまうような「汚いヤツ」だというのです。

**ダメな自分が明るみにでる**
いじめを告発すれば汚い服を着たことも知れ渡ってしまいます。無理強いされたとはいえ、自分が情けないのです。

みんなのバカにしたような笑いが想像される

### ダメな自分をそっとしておいてほしい

被害者の多くは、いじめを受けていることをだれにも告げません。自分はダメな人間だからいじめられると思いこんでいるため、「いじめられている」と告発するのは、ダメな自分をさらけだすことになるからです。加害者がでっち上げた「いじめられる理由」が明るみになれば、今はただ傍観している人たちも、自分のダメさ加減を笑うだろうとも思います。

これ以上、恥はかきたくない。そっとしておいて――いつかターゲットからはずれるという淡い期待を胸に、被害者は、ひとりで耐える道を選んでしまうのです。

## 教師の対応でさらし者になることも

**以下に示すのは実際にあったケースです。**
**こうした対応になることが予測されるからこそ、被害者は発覚をおそれるのです。**

**発覚**
　ある特定の子が無視されたり、仲間はずれにされたりするなど、いじめを受けていることが、教師の知るところとなりました。

**取り組みが必要**
　教師はいじめを生じさせるようなクラス内の陰湿な雰囲気を解消するために、なんらかの取り組みが必要だと考えました。ここまでの判断はよかったのですが……

**討論**
「いじめはよくない」という意識を高めるために、クラス全員で討論することになりました。そのことで、被害者はいっそう追いこまれていったのです。

司会をまかされたのは加害者のひとり。ひとごとのように進行していく。謝罪の言葉など言うわけもない

被害者は、自分の話題が討論されること自体、いたたまれない。「さらし者になっただけ」と、さらに傷つくことに

だれのことを言っているか、みんなすぐにわかってしまう

隠す理由②

# 自分を大切にしてくれる人には言えない

親は「なぜ、自分に言ってくれなかったのだ」と思うかもしれません。
でも、お子さんを責めないでください。親を大切に思っているからこそ、言えずにいたのですから。

## 自己否定の悪循環

被害者は、「いじめられて親を心配させるような自分が悪い」と、自分を責め続けています。

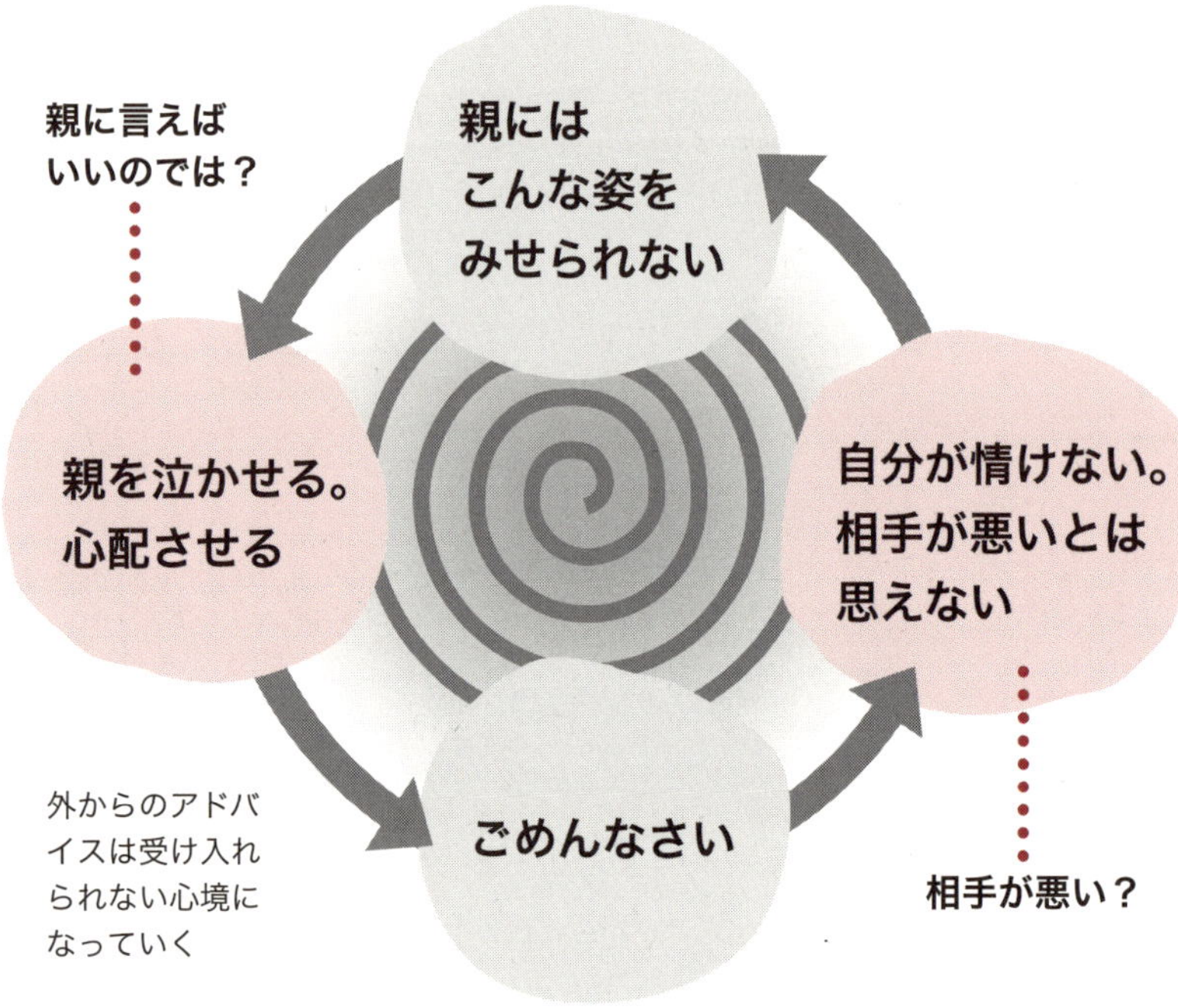
親には
こんな姿を
みせられない
自分が情けない。
相手が悪いとは
思えない
相手が悪い？
ごめんなさい
外からのアドバイスは受け入れられない心境になっていく
親を泣かせる。
心配させる
親に言えば
いいのでは？

### やさしい子ほど親にはひた隠しにする

親ならだれでも、子どもが明るく元気に学校に通ってくれるよう願うでしょう。子どもたちは、そんな親の思いはよくわかっています。だからこそ、いじめのため学校に行くのがつらくても、親には悟《さと》られまいとします。

親思いのやさしい子ほど、「いじめられるような子どもで申し訳ない」と自分を責め、「こんな姿をみせて親を悲しませてはいけない」と、いじめの事実をひた隠しにします。いじめられているのも、それを相談するのも、自分を大切にしてくれている人を裏切ることのように感じるのです。

# 親には笑顔をみせる

**いじめを隠そうとする子どもは、なごやかな家庭であればあるほど、
雰囲気を乱さないように無理をしています。**

### 最近、学校のことを話さない

　学校や友だちの話題が出なくなり、親は少し変に思うこともあります。しかし、「なにかあった？」と聞いても、笑顔であっさり否定されると、「そういう年頃か……」などと納得してしまいます。

親に悟られないように必死で演技をする

### 親が思っているほど子どもじゃない

「ウソをついても顔をみればわかる」「まだまだ子どもなのだから、ほんとうに困っているなら親を頼るはず」などと思うかもしれませんが、それほど子どもではありません。

親は子どもが幼いころのイメージが抜けないが、思春期に入ると、子どもは親から自立しようとしている

### 笑顔をつくるのが、もっともつらい

「成績が落ちたね。がんばらなくちゃ」などという親の言葉に応えようと必死です。なによりつらいのは、「元気がない」と言われないように、無理に笑顔をつくること。大事な家族と思えばこそ、なにも話せず、子どもは孤独感を深めていきます。

隠す理由③

# ちくるのは裏切り。いじめられる理由になる

大人に訴えただけで、いじめられなくなるわけがない、むしろ悪化するだけだと、被害者は信じています。これも、被害者がいじめられていることを隠す大きな理由です。

## 被害者の想像

**被害者は、大人に自分がいじめを受けていることを訴えたらどうなるか、こんなふうに考えています。**

きっと親は聞いてくれるだろうが


**もしも親に話したら**

### 暗黙のルール

**ちくるのは裏切り者**

ちくり、つまり大人への訴えは、子ども社会のなかでは最大級のルール違反。加害者は被害者が言わないだろうと思っていますが、さらに「言ったら、もっと困ることになるよ」というプレッシャーをかけ続けます。

今より状況は悪くなるに違いないから、黙っていようと思っている


### いじめが悪化することが想像できる

いじめられていることを大人に伝えれば、一時的に収まるかもしれませんが、「大人にちくった裏切り者」というレッテルが貼られます。「裏切り者への制裁」という新たな理由を盾に、いじめが激化することは目にみえています。

だから、いじめがひどければひどいほど、被害者はいじめを露見させたと責められないように、隠し通そうとするのです。

真剣に聞いてくれない親もいる

たいしたことないよ

がまんしなさい

### 親は怒る、心を痛める

いじめを知った親は、加害者とその親に対して怒り、わが子のつらさを思って心を痛めます。それがふつうの反応です。

### 学校に行き、先生に「なんとかしろ」と言う

知ってしまった以上、黙ってはいられないはず。どうにかしなければという思いから、学校や担任に詰め寄ることも。

### 親vs.学校の騒ぎになる

いじめをどうするかということより、いじめの責任をどうとるのかということでもめて、大人どうしのバトルになってしまいます。

先生の対応が不適切だったり、加害者が聞く耳をもたないことも少なくない

**いじめられる理由が確立**

### 裏切り者になる

親に話したことがバレれば、「親にちくった裏切り者」と非難されるのは、火をみるより明らかです。

### 加害者は「裏切ったな」と怒る

被害者の「裏切り行為」に対して、加害者は怒りを爆発させるでしょう。大人にとがめられたことに対しても、被害者がすべて悪いというはずです。

### いじめは悪化、エスカレートする

大人どうしのトラブルとは関係なく、子どもの間のいじめはひどくなっていきます。

### さらに陰湿になる

大人の目にはみえないように、証拠も残さないやり方で、いじめは続いていきます。

孤立

# だれにも信じてもらえないことがつらい

親や教師までが疑いのまなざしを向けるように仕組まれたいじめもあります。被害者を孤立させ、「だれにも信じてもらえない」という絶望感を与えます。

## 巧妙なワナ

「援助交際や犯罪行為をしている」などといった、ほんとうにしているなら責められてもしかたないうわさをでっちあげ、流します。

援助して
破……

合成写真をメールで流すことも

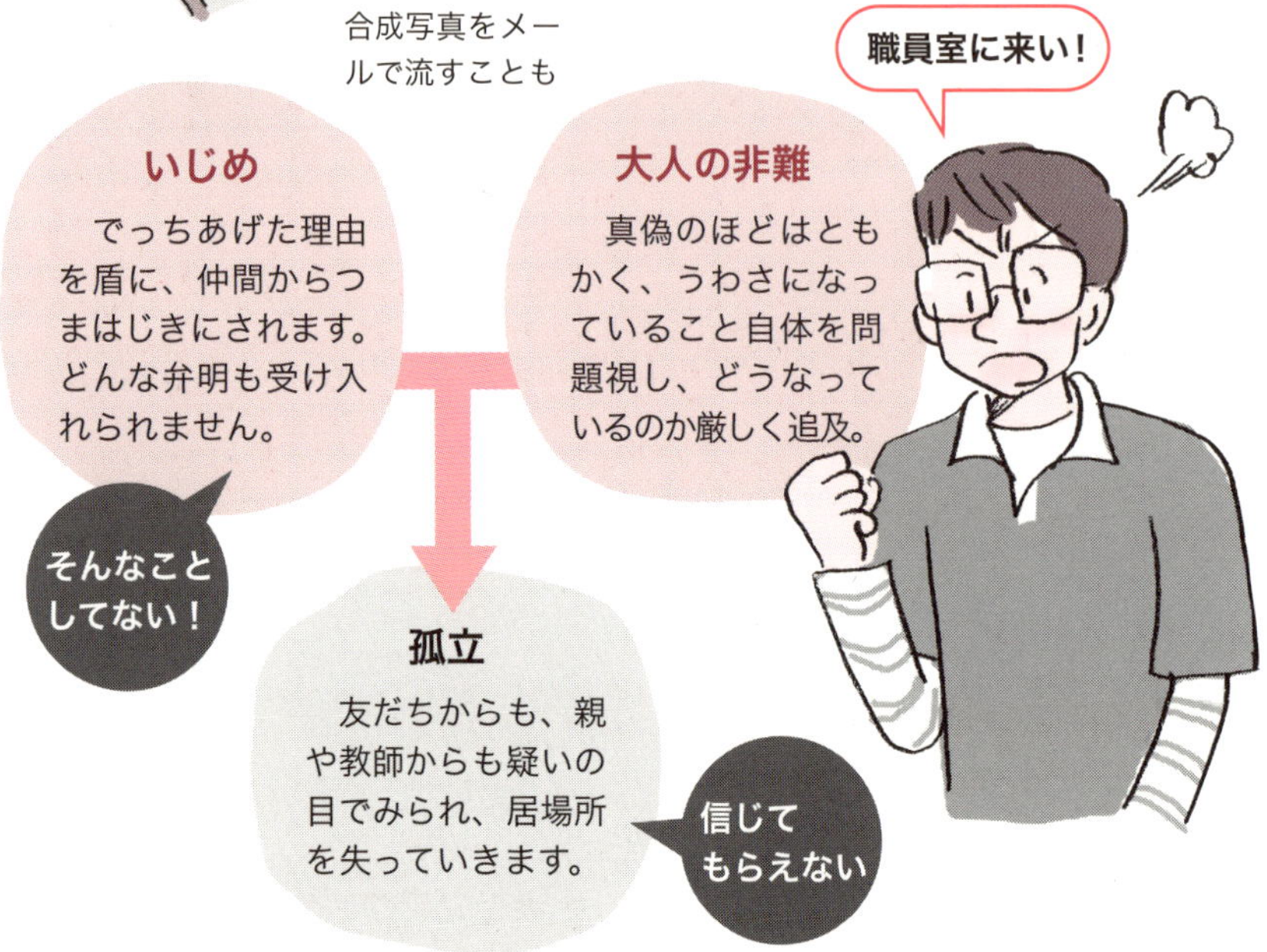
いじめ
でっちあげた理由を盾に、仲間からつまはじきにされます。どんな弁明も受け入れられません。
そんなことしてない！
大人の非難
真偽のほどはともかく、うわさになっていること自体を問題視し、どうなっているのか厳しく追及。
職員室に来い！
孤立
友だちからも、親や教師からも疑いの目でみられ、居場所を失っていきます。
信じてもらえない

### 人間性そのものをおとしめるいじめ

いじめは男女を問わず発生しますが、特定の子を無視して仲間はずれにするタイプのいじめは、とくに女子に多くみられます。

仲間はずれにする理由として、でっちあげのうわさが利用されることもあります。人間性を疑われるようなうわさを流し、「そういう人とはつきあえない」という雰囲気をつくってしまうのです。

まったく根拠のない話でも、一度うわさになれば、「うわさされるほうにも問題がある」と疑われます。「ウソだ」という言葉を信じてくれる人がいなければ、被害者に救いはありません。

## 疑いが晴れない

**流されたうわさを帳消しにするのは至難の業です。
親も子どものことが信用しきれなくなることが少なくありません。**

本当なの？

### 加害者がみえない

うわさの出所は必ずあるはずですが、はっきりしません。いい加減なうわさなので、余計に尾ひれがつきやすいこともあり、だれが加害者か特定できません。

### 潔白を証明できない

やっていないことを証明するのは困難です。ほんとうにしていても本人が認めたがらないようなうわさなので、否定の言葉が空々しく響いてしまいます。

いちばん信じてほしい親にまで疑われてしまう

### 真実を言えない

いじめを受けていることは隠しておきたいので、「いじめる理由をつくりたいから、だれかがでっちあげたんだ」とは言えないのです。

### ネットやケータイでどんどん広まる

メールや掲示板などに書きこまれ、あっという間に学校中に知れわたってしまいます。関係が遠ければ遠いほど、「そういう人」と思われれば打ち消しようがありません。

悪化の恐怖

# いじめの事実を認められなくなっている

被害者はいじめを隠そうとするだけでなく、いじめの事実そのものを直視しなくなることがあります。それが、いじめを深刻化させる一因にもなっています。

## 現状のほうがまだましだと思ってしまう

いじめが常態化するにつれ、被害者は、いじめの悪化を防ぐことで精いっぱいになります。もしも悪化しないなら現状で十分、という心境に陥っていきます。

そのため、理不尽な要求をされること自体がいじめであるにもかかわらず、「要求にしたがっていれば、いじめられなくてすむ」と考えてしまいます。自分にはなにも非はないのに、「なんでも言うことをきくから許して」と加害者に許しを乞《こ》うたり、加害者にニコニコとへつらうような態度をとったりもします。

「いじめられてなんかいない」と自分に言い聞かせ、平気なふりをすることで、ようやく自尊心を保っているという場合もあります。

いずれにせよ、予想される「さらに悪化したいじめ」への恐怖があまりに強いために、現状を直視できなくなっているのです。

### 悪化させたくない

加害者は刺激を求めて、
どんどん攻撃をエスカレートさせていくのがつねです。

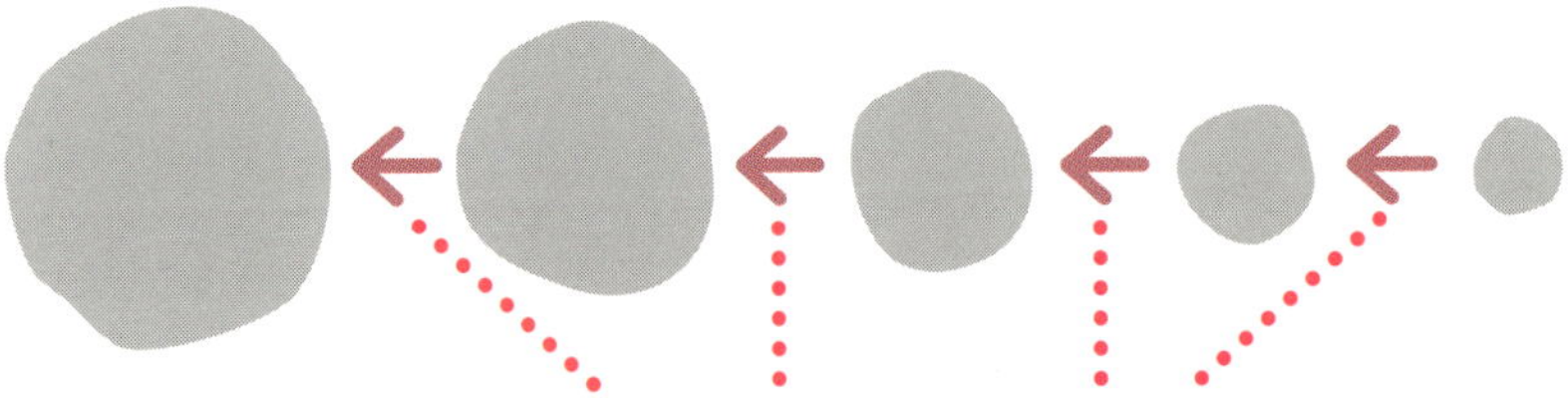

被害者は次の段階に進むのをとめようとする

そのために

- 道化役になる
- おだてる
- あやまる
- 言うなりになる
- （まれに）反抗する
- 平気なふりをする

# この程度ならいじめではない!?

10000
10000

**いじめの事実は変わらないのに、被害者には
それがみえなくなっています。
こうした心理状態に陥ることが、
いじめが深刻になる一因ともなっています。**

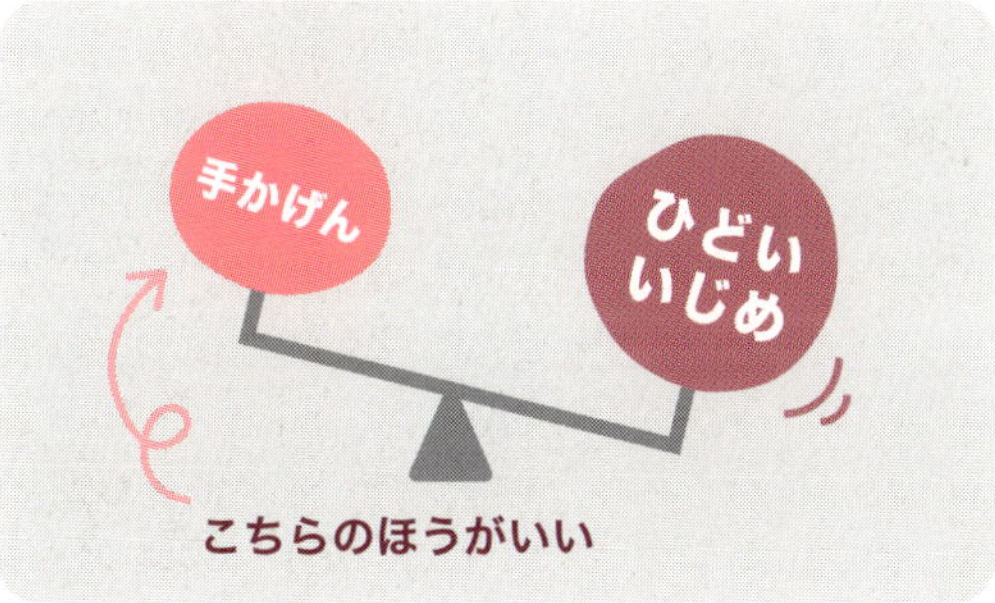
手かげん
ひどいいじめ
こちらのほうがいい

親にバレないいじめ
親にバレるいじめ
こちらのほうがいい

「10万円ほしいところだけど、1万円でいいよ」などと言われると、恐喝されている事実は変わらないのに、「まけてもらってよかった」などと、ホッとします。

汚された制服を親にみとがめられ、いじめが発覚することをおそれます。そこで被害者は、「夏服だから洗ってもすぐかわく」と安心したり、「みえないところにして」などと加害者に頼み、聞き入れられるとホッとします。

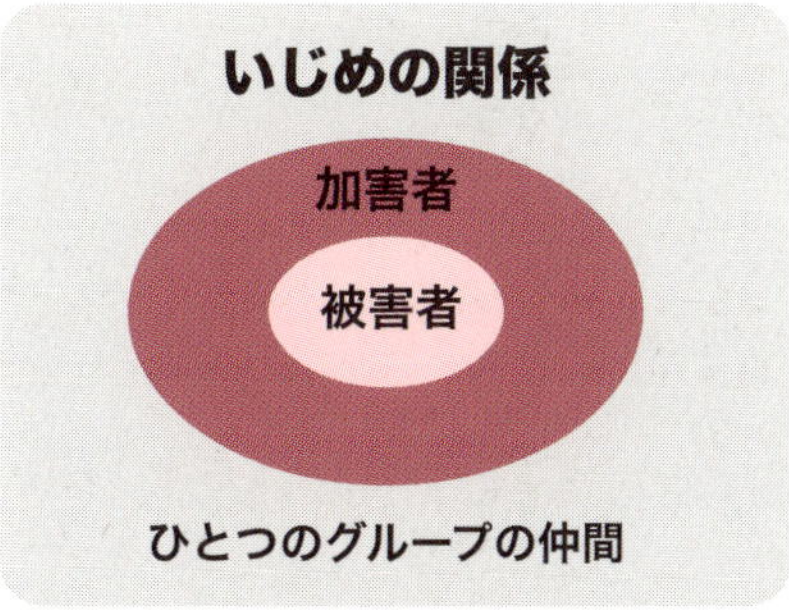
いじめの関係
加害者
被害者
ひとつのグループの仲間

グループ内の自分の立場が加害者と対等でないことは明らかなのですが、現実を直視できません。あくまでも自分はみんなと対等なグループの一員であると、自分を納得させてしまいます。

Lucky

仲間意識

# 自分よりも家族よりも加害者を守ろうとする

いじめが発覚しないように、被害者は加害者を守り続けます。どんな扱いをされていようとも、発覚すれば、もっとひどいことになると確信しているからです。

## なんとしても隠したい

**現状がひどければひどいほど、被害者はいじめの事実を知られまいとします。**

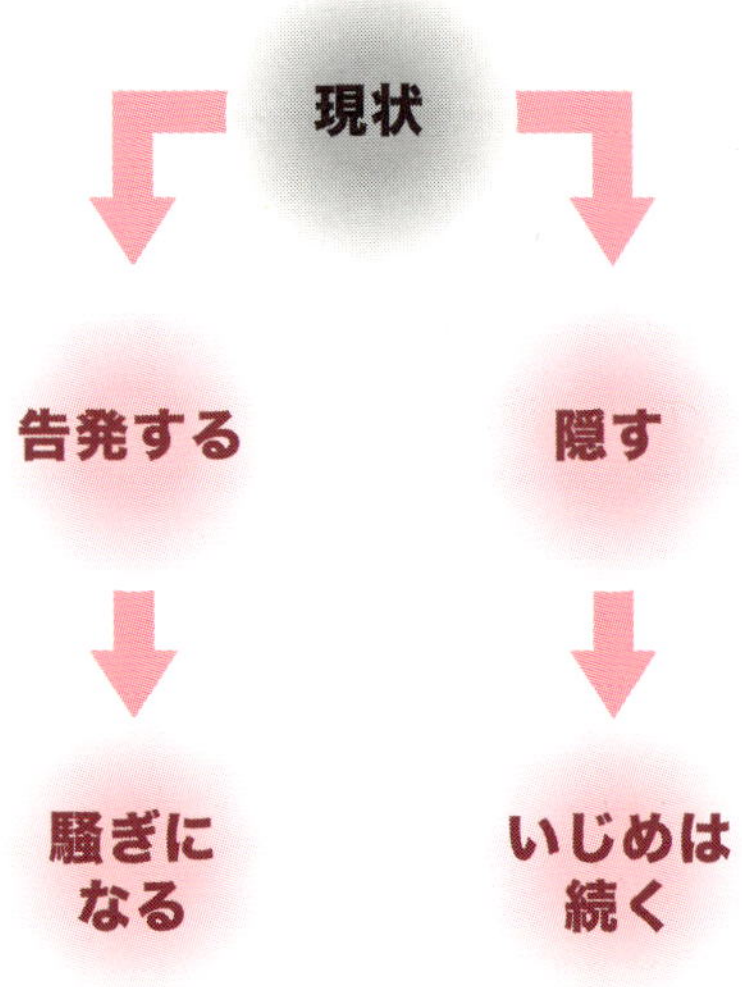


なにが起こるかわからない。起こることに自分ではどうしようもないだろう

自分さえがまんすれば、これ以上ひどい状況にならないはず

親と先生がケンカになるうえ、いじめも悪化するのは最悪の展開

学校にも家にも居場所がなくなってしまう

## 親にバレるのがなによりこわい

被害者の多くは、いじめを受けているにもかかわらず、加害者をかばうために自分が悪者になることがあります。たとえば、恐喝されている事実を告げず、自分の意思で金銭をくすねたかのようにふるまうのは、その一例です。

　被害者が加害者を守ろうとするのは、いじめの事実をなんとしても大人に知られたくないから。親が自分のことに一生懸命だと知っている子どもほど、必死に隠します。加害者からの報復をおそれる気持ちもあります。

　しかし、それ以上に根深いのが、自分が所属する場所を失ってしまうことへの恐怖です。孤立をおそれる気持ちが、加害者を守る行動として現れるのです。

## 孤立のほうがこわい

**いじめの集団に属し、いじめられ役に徹している子は、二者択一を迫られています。**

**ギリギリの命をかけた選択**

### ひとりになってしまう

加害者を突き出せば、裏切り者として扱われ、ずっと通い続ける学校なのに、居場所はどこにもなくなってしまうでしょう。それだけは、なんとしてもさけたいと思っています。

### いじめの集団に所属している

いじめる・いじめられるという、ゆがんだ関係であっても、集団への帰属感は捨てがたいものがあります。加害者に屈服してでも、集団の一員であり続けようとします。

自分にとってマイナスでも、集団の一員になっていられる

ひとりになったら、どうすればいいかわからない。孤立はいじめよりつらいと思ってしまう。その状況がいじめなのに……

**選択した結果……心が死んでしまう**

いじめの集団にい続ければ、やがていじめに耐えきれなくなる日がくるかもしれない

心をさしだして、許しを乞うているようなもの。自分の心がなくなってしまうのに

いじめがあることをみえにくくしている

告白

# 親に話しはじめるのは、よくよくのこと

子どもが「いじめられている」と親に打ち明けるまでには、相当の葛藤があります。子どものつらさを思いやり、きちんと受けとめることが大切です。

## 子どもを励ましながら本心をよく聞いて

必死に隠そうとしても、いじめのダメージはどこかに現れます。

子どものようすに変化を感じたときには、「なにか問題があるなら、いっしょに取り組む」と、子どもに示してください。いじめの事実を打ち明けるのは、とてもつらいことです。励ましながら、子どもの本心を聞きだします。

話を聞いたあと、「よくあること」と軽くあしらったり、逆に冷静さを失ったりするようでは、子どもの支えになりません。子どもの言い分や希望をまるごと受けとめたうえで、いっしょに対応策を考えていきましょう。

## 子どもに打ち明けられたら

**親として怒りの感情をもつのは当然ですが、大事なのはよりよい対応策を考えることです。**

**体験したことを聞く** → **いじめの構造をつかむ** → **対応策を考える**

**いじめの構造をつかむ**

だれに、どんなことをされているのか、だれが主犯格で、加担しているのはだれか、担任の先生は知っているのかなど、状況を把握しておきます。

**対応策を考える**

怒りにまかせて加害者の親や学校と、はじめから対決の姿勢でのぞむと、親子で孤立してしまうおそれがあります。落ち着いて、なにができるかを考えます。

子どもの自尊感情を支えられるように、子どもの思いを受けとめていく

### 衣服や持ち物に変化

衣服が汚れていたり、ものが壊れたり、なくなったりすることが増え、理由を聞いてもあいまいな返事しかしないなどということはないでしょうか。

### 学校の話題がない

学校での話題を口にしなくなったり、話題にしても友だちの名前が出てこなくなったりします。学校の行事に来ないでほしいと言うこともあります。

### お金がなくなる

金銭を要求されるいじめを受けていると、しきりに小遣いをほしがったり、親の財布からこっそりお金をもちだしたりすることがあります。

## 隠そうとするからこそ、みつけたい兆候

**本人が言い出さないのであれば、大人がいじめに気づくしか突破口はありません。具体的な兆候は見当たらなくても、「なにか変だ」という違和感を覚えるときは要注意です。**

### 成績が急に落ちた

いじめのことでいっぱいになり、勉強に手がつきません。親の前で教科書やノートを広げないのは、破られたり、落書きされたりしているためかもしれません。

### 元気がない

なんだかボーッとして元気がないのは、学校での緊張が高いせいかもしれません。イライラしたり、オドオドしたり情緒不安定になることもあります。

### なにより望むのは「友だちがほしい」

いじめを受けている子どもがいちばん望んでいるのは、なんでも話せる友だちの存在です。

先生や親がどんなに配慮してくれようとも、心の底で通じ合うことのできる友だちの存在にはかないません。

自分の気持ちを正直に吐き出せる友だちがいれば、いじめを受けていても乗り越えられる——そう感じているのです。

欧米でのいじめ対策の一例。高校生や青年を「年上の友人」として配置している小中学校もある

# 生きている意味を見失い、自殺に至ることもある

いじめを受けた被害者は、心に傷を負います。その傷があまりにも深く、自ら命を絶つような事態にまで追いこまれることもあります。

## 死にたいほどつらい

**「死にたい」が先にあるのではなく、「死にたくなるほどつらい」のです。とりかえしがつかなくなる前に、子どもの気持ちに周囲が気づくことが必要です。**

つらさ

### 大人の想像以上

携帯電話やインターネットの普及により、いじめの実態はかつてと変わっています。精神的なストレスは強く大きいものです。

＋

孤立

### 重荷をより重くさせる

自分の存在じたいを否定されているのです。つらさをだれにも訴えられないうえ、学校にも家庭にも居場所がないと感じています。

＝

思いつめた選択

### ふみとどまらせるものは

だれか支える人が必要です。できれば親や教師以外の、生や死についていっしょに考えてくれるような第三者の存在が望まれます。

### 自殺に結びつく二つの要素

いじめられている子どもが口にする「死にたい」という言葉は、「死にたいほど、つらくさびしい思いをしている」という心情の表れです。自分がかかえているつらさやさびしさを、ひとりでもわかってくれる人がいれば、それだけで心が落ち着き、どうすればよいか考えられるようになります。

しかし、孤立無援の状態の子どもは、自分のつらさをだれにも訴えられません。ひとりではかかえきれないほどのつらさに押しつぶされ、「死にたい」という気持ちが「死のう」という決意に変わってしまうこともあります。

## 一生を台なしにされる

**30歳前後の男女を対象にした調査では、学校でいじめの被害にあった経験がある人は、そうでない人にくらべて、不安障害やＰＴＳＤ(P88参照)に苦しんでいる人の割合が高いことが明らかにされています。**

### 加害者

**忘れてしまう**

学校生活が終わり被害者との接点がなくなれば、いじめた記憶すらあいまいになっていく

**どうやって罪を償わせるのか**

裁判？

私的制裁？

### 被害者

いじめを受けた経験は思い出したくないのに、大人になっても忘れられない

**社会適応ができない**

他人とつきあうことに異常に緊張したり、同年代の人がこわくて社会に出られなくなる人もいる

↓

**一生続くことも**

いじめの話題が出ただけで動揺し平静ではいられなくなるなど、普通の生活が送れなくなる

## いじめられた経験に一生苦しむ

心には自然の回復力があります。しかし、いじめによって負った傷は、簡単に癒えるものではありません。一生、なんらかの形で残ってしまうおそれがあります。

## 加害者はどこまで責任をとれるのか

加害者にとっては、遊び気分の軽い気持ちだったのかもしれません。しかし、彼らがしでかした行為は、被害者の人生を変えてしまうほどの結果をもたらすのです。ことの重大さを、加害者に理解させないとなりません。

ひとりの人間の人生を台なしにするようなことをしておいて、平気な顔をしているなど、許されることではありません。本来なら、きちんと責任をとるべきです。

そのことをわからせるのは、周囲の大人の役目です。

Column

加害者には、自分がしていることを、はっきりと認識させる必要がある
死ね
死ね
死ね

# 長く続くいじめの後遺症。PTSD

## 被害者は人生をズタズタにされる

いじめが被害者に及ぼすダメージははかりしれないものです。いじめられている期間の苦しみも耐え難いものですが、何十年たっても、その傷が癒えないケースも多くあります。

いじめが収まっても消えない心の傷は、精神医学的にはPTSD（Post Traumatic Stress Disorder／心的外傷後ストレス障害）とよばれるものです。

PTSDは、災害や犯罪などにあって、その体験がトラウマ（心の傷）になり、長い期間苦しみ続けるものです。

しかし、いじめによるPTSDは、震災のように一回きりのできごとによる心の傷ではありません。長期間にわたり、くり返しダメージを加え続けられた結果です。そのため、心の傷は想像以上に深いものになっているのです。

## 強者の犯罪。だから解決しにくい

PTSDという精神障害の存在が公に認められたのは、一九八〇年。このとき、ベトナム戦争からもどってきたアメリカ兵に、戦場でのトラウマがPTSDとして現れ、社会問題化しました。それまでも戦争のたびに戦場での恐怖体験から精神的障害を負う兵士が多数いましたが、その兵士個人の性格の弱さとかたづけられてきたのです。

戦争は国家という強者の犯罪ですが、いじめも強者の犯罪という側面があります。そのため、解決が困難なのです。

PTSDは、本人の努力ではなかなか治りません。心だけでなく、体や社会生活にも影響が及び、一生定職につけずに苦労するケースも多くあります。

いじめの被害者にPTSDの症状がみられるなら、専門家に相談するほうがよいでしょう。

# 5 学校を責めるだけではなく、協力して ―いじめ対応策

いじめの解決はむずかしい――。
けれど、そう言っている間にもだれかが苦しんでいます。
いじめがあることがわかったら、子どもにまかせておかず、
大人は総がかりで知恵と力を結集しなくてはなりません。

被害者の親

# 感情のままに学校へ乗りこんでも解決は遅れる

わが子がいじめられているとわかったとき、親ならだれでも感情的になるものです。けれど、いじめの根本的な解決に向けた行動には冷静さが求められます。

親は怒って当然だが

話の内容を整理してから

### 事実を伝える

子どもから聞いた内容を、「このようなことがあった」と学校側に伝えます。いじめかどうかの議論にはまりこまないように、具体的な事実を伝えるというスタンスでのぞみます。

とにかく、この怒りをぶつけたい

### 怒鳴りこむ

怒りにまかせて学校に乗りこみ、「どうしてくれるんだ」「学校の責任だ」などと、一方的に学校の対応を責めてしまいます。

### 子どもに確認

いじめの発覚が自分のせいにされることに、子どもはおびえています。学校側に告げてよいか、子どもに確認しておきます。

いじめが悪化することへのおびえが強い場合には、問題が解決するまで学校を休ませることも必要です。

### 子どもを支えて

子どもは、いじめられる自分を責めて苦しんでいます。「あなたは悪くない」と、はっきり伝えてください。

### 対応策を協議する

いじめを解決したい、解決のめどが立つまでは子どもの安全を確保したい、といった考えを伝え、互いに協力しあうことを確認します。

### 情報を集める

担任の先生や、クラスの友だち、その親などから情報を集め、現状を確認します。もちろんわが子の話もよく聞きます。

### 経過をみながら対応していく

現状に対してどのように対応していけばよいか、具体的な方法を考え、学校と保護者全体で、いじめの解決に向けて取り組んでいきます。

ここでとまってしまう

### 謝るだけ

学校側は「うるさ型の親を、どう納得させるか」という、親への対応でいっぱいになってしまい、いじめ解決に向けた取り組みに手が回りません。

## いじめの解決と学校への責任追及は別

いじめの被害を知った親が、すぐに取り組まなければならないのは、子どもを守ること、そして、いじめをなくすことです。そのためには、学校と当事者の親を含めた保護者全体が協力していくことが必要です。学校の対応を責め、責任を追及する姿勢だけでは、協力はむずかしくなってしまいます。

そもそも、いじめは子どもの間で起こり、巧妙に隠されているもの。学校側には責任はないという場合もあります。

## 低年齢の子のケンカはいじめとは区別を

いじめを「よくあること」と見過ごすのは避けなければなりません。かと言って、低年齢の子どもたちの一対一のケンカまで、すべて「いじめ」と決めつけて、大騒ぎするのも問題です。ケンカといじめは違います。

低年齢の子どものケンカは、コミュニケーションのスキルを学ぶ練習のようなもの。そうした経験がなければ、人とのつきあい方が身につきません。過剰に反応せず、「自分がいやなことは人にしない」「いやなら、いやって言えばいい」などとアドバイスしながら、見守っていくことが大事です。

ケンカのなかから、やっていいこと悪いことの限度を身につけていく

## 同級生の親

# ひとごとではない。なにかできるはず

子どもの話や親どうしの話から、いじめがあるとわかったら、「うちの子には関係ない」と傍観するのではなく立ち上がってください。「関係ない」ということはありえないのですから。

きっちり対応していくには、それなりの覚悟が必要

### いじめを否定する

「いじめは絶対にいけない」「いじめられる理由、いじめてよい理由など絶対にない」と、子どもに言い聞かせます。

### わが子が安全ならOK

わが子がいじめられているわけではないことがわかったら、ホッと胸をなでおろし、「かわいそうだけどしかたがない」などと受け流してしまいます。

### 真剣に聞く

「よくあること」「しかたないね」などと雑談として軽く流すのではなく、子どもの話をきちんと受け止めてください。

自分の子が被害者でなければ、見て見ぬふりをしたくなるもの。しかし、いじめの存在がわかった以上、解決に向けた取り組みが必要です。

### 相談している子も苦しんでいる

被害者になるのがこわくて、心ならずも加害者側についている子どもが大半です。よくないとわかっているから苦しんでいます。

### 親どうしのネットワークを

顔見知りという程度の人にも積極的に「おひるでも」「お茶でも」などと声をかけ、親どうしがお互いを知りあう機会をつくり、そこで気になることを話題にします。

### 協力体制をつくる

いじめは集団全体の問題であり、自分の子が被害者にも加害者にもなりうるという認識をもち、みんなで協力して取り組む体制を考えていきます。

### 学校と協議

具体的になにができるか、学校側とも相談して対策を立て、実行していきます。だれかを責めるのではなく、共通の目標に向かって協力する姿勢でのぞみます。

ここで終わってしまう

### たんなる世間話

親どうしの間で、「○○さんのお子さんが……」などという話が出ても、たんなる世間話で終わってしまい、どうしたら解決できるかという建設的な話になりません。

## 親はいじめ撲滅の支援者になる

いじめが起きている集団のなかでは、被害者以外の全員が、なんらかの形でいじめにかかわっています。いつ、だれが新たな被害者になるかもわかりません。ひとごとでなく、自分たちの問題として、保護者全体がいじめの解決に向けて取り組むことが必要です。

子どもは親の姿勢から学んでいくものです。親たちの「いじめはよくないこと」「絶対にやめなければならないもの」という姿勢は、子どもたちにも必ず伝わります。

### 事実を知らないのは当事者だけ

だれがいじめのターゲットになっているのか、だれが中心になっていじめているのかといったことは、親どうしの間ではうわさになっていることが多いもの。けれど、そうしたうわさは、被害者と中心的な加害者など、当事者の親の耳にはなかなか入ってきません。

そんなときには、おせっかいなようでも、被害者の親に「子どものようすが心配である」ことを伝えるとよいでしょう。被害者の親を孤立させず、クラス全体の問題としていっしょに対応していくことが望まれます。

「○○ちゃん、最近どう？」などと話をもちかけてみては

加害者の親

# 子どもを支えながら、ともに解決を目指す

わが子がいじめの首謀者と名指しされたとき、親は「まさか!」と思うでしょう。多くの親は、わが子が加害者になることを極端におそれ、子どもを守ろうとします。

聞いたときはショックを受ける。その後、怒るか、否定する

### 言い分を聞く

だれに、いつ、どんなことをしたのか、学校の先生や被害を訴える親に確認します。相手の言い分を聞くだけ聞き、その場では反論しないほうがいいでしょう。

### 怒る

「とんだ言いがかりだ」「なんで、うちの子どもだけが責められるのだ」などと怒り、被害者やその親を責め立てます。

### いじめをする理由を否定

どんな状況であったにせよ、いじめてよい理由にはならないことを、粘り強く諭します。

子どもを一方的に責めないでください。子どもがかかえているものがなにか見極め、日頃の親子間のコミュニケーションに問題はないか、親自身、考えてみる必要があります。

### ストレスをかかえている

いじめる子どもたちは、それぞれに不安や悩みをかかえているものです。自分のイライラをいじめで発散しているのです。

### 子どもと話し合う

こんなことを聞いたのだけれど、と子どもに問いかけます。子どもが話しやすいような雰囲気を心がけ、子どもの気持ちに十分耳を傾けます。

### 学校と協議する

いじめの実態について学校側と情報を交換しあいます。いじめたときの気持ちも、子どもの代わりに伝え、今後の対応策を話し合っていきます。

### 子どもを支える

いじめられた子の気持ちを考えさせ、わが子の心の変化を見守っていきます。子どもの環境や親子のコミュニケーションのあり方も見直します。

ここでとまってしまう

### 否定する

「そんなことはいじめのうちに入らない」「うちの子にかぎって、そんなことをするわけがない」などといじめを否定します。

## 気持ちは認め、行為は認めない

わが子がいじめ集団のリーダー格だと聞いた親が、子どもを守ろうとするのは自然な感情です。そのため被害者の親を責めたり、学校にクレームをつけたりします。

冷静に状況を見極め、学校と対応策を協議するのが理想ですが、なかなかむずかしいでしょう。

もしも子どもがいじめをしたのがほんとうなら、子どもの率直な気持ちを聞き、受けとめてやる必要があります。そのうえで、いじめは絶対にダメと伝えます。

## 海外での取り組みも参考にして

いじめは日本だけでなく、世界各国が頭を悩ませる問題です。取り組みも国によってさまざま。

スウェーデンでは、「子どもオンブズマン法」が一九九三年に国会で制定されました。いじめの被害者の声をまとめて、関係機関へ対応策を提言しています。

米国では「いじめ加害者に対する矯正プログラム」を、イギリスではシェフィールド大学がまとめた「いじめ防止教育プロジェクト」を実行しています。

こうした各国の取り組みも、ぜひ参考にしたいものです。

日本では、被害者の立場になり、自分に手紙を書くという方法をとっている学校もある

学校

# 保護者、関係機関、学校の連携プレーを

いじめの舞台となるのは学校ですが、教師や学校の取り組みだけでいじめを解決することはできません。保護者や関係機関などとの連携と、協力できる体制づくりが必要です。

教師に知らせてくるとき、被害者の親はほとんど怒っていることを覚悟したほうがいい

### 正確な状況をつかむ

保護者からの訴えを受けたら、子どもたちに事情を聞くなどして、クラス内でなにが起きているのか、正確な状況をつかみます。このときの対応が、いじめを悪化させることもあるので、慎重に。

### 自己保身

学校や担任の教師の責任を問われては困る、ほかの保護者にどう説明していけばよいのか、面倒なことになった……などという思いが前面に出てしまいます。

### 子どもに確認

リーダー格の加害者に事情を聞くだけでは、否定されるとそれ以上の追及はむずかしくなります。大人は手分けをして、グループの全員と一斉に面談します。

### 子どもを支えて

面談は、一人ひとり、個別におこないます。集団ではまわりの雰囲気に左右されてしまう子どもたちも、ひとりずつなら自分の考えや気持ちを出せます。

子どもたちから情報を収集することで、集団内でなにが起きていたのか、事実をつかみ、対応していきます。

**学校全体で方針を検討**

具体的な事実を踏まえたうえで、関係機関などとの連携も含め、学校全体としてどのように対応していくかを検討し、体制づくりをすすめます。

**保護者と協議**

今後、どのような対応をしていくか、保護者と話し合います。対決する姿勢ではなく、保護者の考えを親身になって聞く姿勢が、協力関係をつくるために重要です。

**被害者をケアし、経過をみていく**

いじめを受けた子どもが安心して学校に通えるように環境を整えていきます。心の傷が深い場合には、早く登校させようと焦らず、関係機関との連携を深めます。

ここでとまってしまう

**認めない**

「いじめはあってはならないもの」と考え、いじめがあっても気づこうとしなかったり、「これはいじめとはいえない」などと逃げたり、いじめの存在を認めなかったりします。

## ひとりでは対応できない。協力を仰ぐ

担任教師にとって、いじめの存在は、学級運営の失敗の現れのように感じられます。責任を問われるのではないかとおそれ、いじめそのものに気づこうとしない教師ばかりではありませんが、ひとりで問題をかかえこんでしまう傾向は、多くの教師にみられます。

しかし、教師ひとりの力でできることはかぎられています。学校全体として、保護者や関係機関と協力しながらいじめ対策を進める必要があります。

### 対策チームなど外の目が必要

いじめの解決に向けて学校と保護者がじょうずに連携していくためには、第三者の介入が有効です。

長野県には教育委員会が中心になった「いじめ対策チーム」があります。教師や行政職、いじめで子どもを失った経験をもつ父親もメンバーに加わっています。

電話相談は二四時間受け付けており、被害者の訴えを真摯《しんし》に聞きます。希望によっては調査のうえ問題点をさぐり、解決をめざします。秘密はかたく守られます。

こうした取り組みが、今後全国に広がっていくことが望まれます。

いじめの体験者が学校に出向いて講演。子どもたちにいじめのこわさを訴える

Column

# FSCCネットワーク・サポートという取り組み

**FSCCネットワーク・サポートの基本的視点**

①どの子も安全で安心して学校生活をおくる権利があり、それを保障する。そして、いじめられている子の自尊感情を高める支援をする。
②いじめる子にこそ問題があるという視点で、いじめっ子対策を並行しておこなう。
③年齢による発達段階を考慮した対策を考える。
④〝いじめはあってはならないもの〟とは考えない。いじめはどこにでもあるという前提で取り組む。
⑤学校が先頭に立ちいじめ対策に取り組むことがまず大事であるが、学校だけで解決できるとは考えない。
⑥子どもの意見をできるだけ聞き、取り入れる。
⑦専門機関との連携をはかる。
⑧「学校を変えるのは親であり、地域である」という考え方に立って取り組みを進める。何もかも学校任せにせず、親のネットワークや地域の大人のつながりで、学校や子どもを支えていくことをめざす。
⑨外国の取り組みを積極的に学び、取り入れる。

## 一家族だけでは解決できない

いじめは、個々の家庭だけでは解決できません。かといって、学校だけでも無理なほど深刻化しています。キーワードは「学校を開くこと」と「地域の教育力を高めること」です。

学校は密室で解決しようとせず、協力を求める覚悟が必要です。保護者も市民として成熟する必要があります。

いじめを知っていても解決しようと動き出す親はほとんどいません。今望まれるのは、親どうしが手を組むことです。

## 大人が真剣に考え、システムづくりを

いじめは早期発見、早期対応が大切です。そのためには、学校以外の公的機関に投書箱を設置するなどして、いじめをみつけた人、いじめを受けた人が、匿名で知らせることのできる場が必要です。

犯罪のようないじめに対しては、長野県のいじめ対策チーム（P97参照）のような、強力な支援が必要でしょう。

本書では、FSCCネットワーク・サポートを提唱します。家庭（Family）、学校（School）、専門機関（Counseling-Center）、地域（Community）が一体となり、いじめ問題に取り組むシステムです。大人たちが真剣に考えるべき時期にきています。

いじめに対して文部科学省も動きだした。☎0570-0-78310（全国統一の24時間いじめ相談ダイヤル）

**■監修者プロフィール**

**原田正文**（はらだ・まさふみ）

1945年、高松市生まれ。1967年、京都大学理学部卒。1972年、京都大学理学研究科博士課程修了。1980年、大阪大学医学部卒業。理学博士。精神科医。大阪府立病院、貝塚保健所長、池田保健所長等を経て、2001年より大阪人間科学大学教授、2006年より同大大学院教授。NPO法人「こころの子育てインターねっと関西」代表。「Nobody's Perfect Japan」代表。大阪府こころの健康総合センター「小児・思春期」専門外来で、現在も子どもたちの心に向き合っている。主な著書に『不登校・キレ・いじめ・学級崩壊はなぜ』『不登校をプラス思考でのりこえる』（ともに農文協）、『子育ての変貌と次世代育成支援――兵庫レポートにみる子育て現場と子ども虐待予防』（名古屋大学出版会）などがある。

**●編集協力**
オフィス201
柳井亜紀

**●カバーデザイン**
小林はるひ
（スプリング・スプリング）

**●カバーイラスト**
山本正明

**●本文デザイン**
南雲デザイン

**●本文イラスト**
あべのぶこ


**こころライブラリー　イラスト版**

# 友《とも》だちをいじめる子《こ》どもの心《こころ》がわかる本《ほん》

2008年5月26日　第1刷発行
2012年9月11日　第3刷発行

| | |
|---|---|
| 監　修 | 原田正文（はらだ・まさふみ） |
| 発行者 | 鈴木 哲 |
| 発行所 | 株式会社 講談社<br>東京都文京区音羽 2-12-21<br>郵便番号　112-8001<br>電話番号　出版部　03-5395-3560<br>販売部　03-5395-3622<br>業務部　03-5395-3615 |
| 印刷所 | 凸版印刷株式会社 |
| 製本所 | 株式会社若林製本工場 |

N.D.C.493　98p　21cm





ISBN978-4-06-278955-4


**■参考文献**


『いじめ・いじめられる青少年の心』
坂西友秀・岡本祐子編著（北大路書房）

『いじめの国際比較研究』森田洋司監修（金子書房）

『いじめ・不登校』伊藤茂樹編著（日本図書センター）

『教室の悪魔』山脇由貴子著（ポプラ社）

『キレる青少年の心』宮下一博・大野久編著（北大路書房）

『不登校・キレ・いじめ・学級崩壊はなぜ』
原田正文著（農山漁村文化協会）

『児童心理 2007年4月号』（金子書房）

『児童心理 2007年7月号』（金子書房）

『心理学基礎事典』上里一郎監修（至文堂）

『日本のいじめ』森田洋司ほか編著（金子書房）

『福祉先進国スウェーデンのいじめ対策』
高橋たかこ著（コスモヒルズ）

『よくわかる発達心理学』無藤隆ほか編（ミネルヴァ書房）

毎日新聞2008年1月25日夕刊

文部科学省ホームページ